克里克
發現遺傳密碼那個人

Francis Crick
Discoverer of the Genetic Code

麥特・瑞德里（Matt Ridley）著
史琳　譯

左岸｜人物153

克里克——發現遺傳密碼那個人

Francis Crick: Discoverer of the Genetic Code

作　　者　麥特・瑞德里（Matt Ridley）
譯　　者　史　琳
總 編 輯　黃秀如
責任編輯　王湘瑋
封面設計　換日線
電腦排版　宸遠彩藝
章名頁圖片　Wikimedia Commons (cc姓名標示3.0)

社　　長　郭重興
發行人暨出版總監　曾大福
出　　版　左岸文化事業有限公司
發　　行　遠足文化事業有限公司
231新北市新店區民權路108-3號6樓
電　　話　02-2218-1417
傳　　真　02-2218-1142
客服專線　0800-221-029
E-Mail　service@bookrep.com.tw
網　　站　http://blog.roodo.com/rivegauche
法律顧問　華洋國際專利商標事務所　蘇文生 律師
印　　刷　成陽印刷股份有限公司
初　　版　2011年06月

定　　價　300元
ISBN　978-986-6723-51-3

國家圖書館出版品預行編目資料

克里克：發現遺傳密碼那個人

麥特・瑞德里(Matt Ridley)著；史琳譯.
-- 初版. -- 新北市：左岸文化出版：遠足文化發行, 2011.06
面；　公分.
譯自：Francis Crick : Discoverer of the Genetic Code, 1st ed.
ISBN 978-986-6723-51-3 (平裝)

1. 克里克(Crick, Francis, 1916-2004)　2. 傳記　3. 遺傳　4. 基因　5. 分子生物學

784.18　　100007445

獻給菲麗希緹

目次

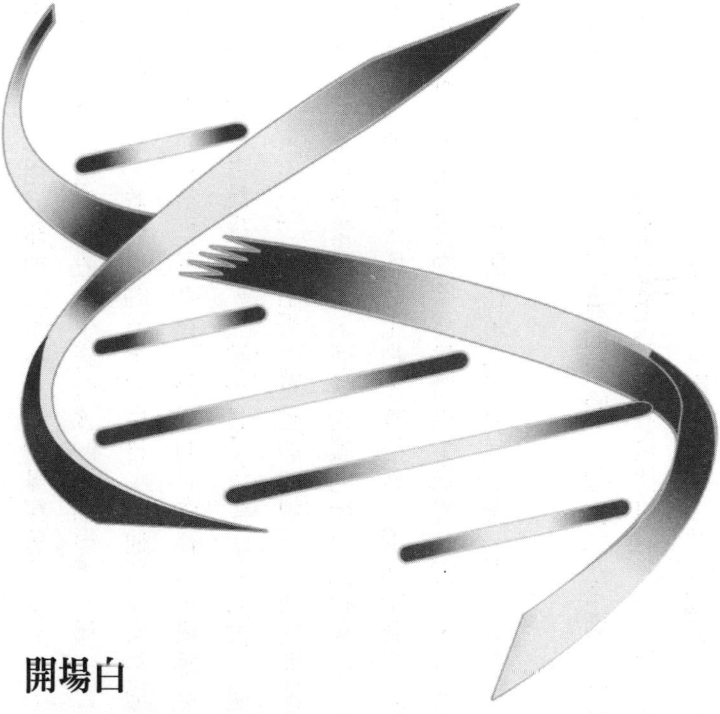

開場白

生命本身

一九六六年六月八日，在紐約州長島北岸著名的冷泉港實驗室，一場派對在布拉克佛大樓的草坪上舉行。享用過龍蝦大餐後，一個身穿著比基尼、名叫菲菲的女孩，突然從巨型蛋糕裡蹦出來；這與一般科學研討會的高潮很不一樣，但也不是普通派對常見的花招。這是法蘭西斯．克里克的五十歲生日，其他科學家常稱呼他為「我所遇過最聰明的人」。這一天同時是克里克在科學上的心血結晶「遺傳密碼」的誕生日，他剛為那張小小的密碼表添上最後幾筆，確認DNA這部字典的每一個字都由三個字母構成（只剩一個字待解），由此可得出蛋白質確切的轉譯方法。他猜想，這套遺傳密碼放諸四海生物皆準；他猜得非常正確，而這也證明所有生物來自一個共同的祖先。事實上，正是因為那套遺傳密碼，所有生物才會活著。遺傳密碼將生命訊息從過去帶往未來，這生命訊息傳達的是從食物原料建構出生物體的方法，也就是合成蛋白質的方法。這正是生命與無生命的差異所在，為了界定這個差異，克里克早在二十年前便著手審慎研究。

因此在那一天，克里克站上科學界的頂峰。為了解開密碼，一些人做了許多關鍵的實驗、另一些人得到令人興奮的重大發現（包括信使分子、轉接子、密碼的三聯體性質等），而每一個階段都有克里克的身影，他引領眾人進行理論思考、做出最精準的猜測、不屈不撓地提出質疑、辯論時最大聲，也是這支科學交響樂團的總指揮。十三年前，他和華生研究ＤＮＡ這種構成基因的物質，意外發現此套遺傳密碼的存在；如今，密碼終於破解了。兔子與岩石的差異，在於兔子體內有一長串生命訊息，這訊息是由一個個「字」寫成，每一個字包含三個字母，字母總共有四種。而兔子與人類的差異，則在於生命訊息的字母排列順序不同。生命就是這麼簡單。從很久很久以前，克里克便在心裡建立一份神祕事物的清單，希望將這些事物從神祕主義者的手上拿起來，轉而放入理性之手。其實這份清單很短，只有兩項：生命和意識。如今，「生命」已解，他可以把這一項從清單上劃掉了。

克里克小時候一直有種恐懼，擔心等他長大了，世界上所有事物都有人發現過了。這個小男孩受到英國作家米伊所著《兒童百科全書》的啟發，非常著迷於意想不到的科學解答。年紀還很小的時候，他就渴望自己找出一些解答，但萬一早就沒有任何事物留待發現了呢？「親愛的，別擔心，」他母親說，「還有很多事物等著你去發現。」

第一章

怪才

法蘭西斯・哈利・康普頓・克里克生於一九一六年六月八日，第一次世界大戰戰火方酣之時。他出生前幾日，新聞大幅報導英國著名軍事首長基欽納死亡的消息，是在搭乘巡洋艦前往俄國途中遭難。他出生後幾週，英軍在索姆河戰役首日的死亡人數就達到兩萬人。在距離這些死亡事件很遙遠的地方，克里克誕生於家中，位於北安普頓鎮的荷姆菲爾德路，這是英國密德蘭郡中部一個中型城鎮的中產階級區域。他是製鞋商之子，北安普頓向來是英國的製鞋重鎮，街道上滿是作坊和工廠，許多師父忙著錘打皮革、縫製鞋底鞋跟和鞋幫。當時製鞋業逐漸轉向機械化，多虧了萊斯特市的湯馬斯・克里克的發明，他把鞋幫與鞋底的接合方法做了改良，不再用手工縫製，而是改用平頭釘和鉚釘，並於一八五三年提出專利。也許身為他的後代會很幸運，但他不是克里克的祖先，所以克里克不會因為擁有龐大財富而分心。

近兩百年或更久以來，克里克的Y染色體不曾移動太遠。「克里克」這個姓氏在英國中部並不少見，又以北安普頓郡的克里克村為可能的起源處。克里克的曾祖父查爾斯・克里克是相當富裕的農人，一八六一年，他雇用了二十名壯丁與男孩，在廣大的二百三十一英畝土地上開設「品東農場」，位置很靠近以製造蕾絲出名的漢斯洛普村，距離北安普頓南方約十英里。查爾斯的次子華特・克里克出生於一八五七年，在倫敦與西北鐵路公司的貨運部門擔任職員，沒有承繼父親的農事家業。不久後華特改換跑道，到「史密德與華倫」製鞋公司擔任外務推銷員。一八八〇年，華特年方二十二，與另兩位合夥人開了自己的製鞋工廠「拉蒂瑪、克里克和根恩」，設在北安普頓的葛林街。（漢斯洛普村的教堂墓園有不少拉蒂瑪家族的墓碑，也有一些屬於克里克家族，所以兩家可能是世交。）他們的事業蒸蒸日上，並擴展到印度的馬德拉斯。他們一度在倫敦開了五家店，後來也接單製造軍靴，穿在那些不幸死於索姆河戰役的年輕人腳上。到了一八九八年，拉蒂瑪和根恩相繼退休，華特成為公司的獨資老闆。他將公司經營得有聲有色，於是在北安普頓東邊的比林路蓋了一棟堅固的石造樓房，名為「九水宅」。五年後，華特因心臟病猝逝，得年四十七歲，公司由太太莎拉（她比華特多活了三十一載）和四個兒子中的小華特和哈利繼續經營，直到碰上經濟大蕭條而倒閉。

華特最初把熱情投注於鞋業，讓他生活無虞，不過這份熱情似乎漸漸退居第二，讓位給了科學，以及收集各種事物，包括化石、書籍、錢幣、瓷器和家具等。朋友們發現他精力充沛，好發議論；有人說，這種特質最後傳給了他的孫子：「他很喜歡突然提出一件新的事實，而他已經仔細思量過，討論起來彷彿一下子就打出王牌，沒什麼討論空間。」他也是業餘博物學家，在當地頗有名聲，後來寫了關於北安普頓郡早侏羅紀的有孔蟲類的兩部分研究，也有兩種腹足綱的軟體動物以他的名字命名。靠著步行和自行車，華特漫遊於北安普頓郡的鄉間小徑，到處收集化石、翻看石頭底下尋找各種蝸牛。而我們這位「二十世紀最偉大生物學家」的祖父，曾經因為一種小動物，與「十九世紀最偉大生物學家」達爾文產生短短的交集。

事情是這樣的。一八八二年二月十八日星期六，華特外出尋找龍蝨類昆蟲；他在冬天做這種事，顯見其好奇心之強。我們之所以知道這件事，是因為當天稍晚，華特急急寫了一封信給達爾文報告他的發現。「我找到一隻雌性的龍蝨，」他對那位偉大的演化學家說，「牠的腳上緊緊附著一隻小型的雙殼綱蛤貝，我認為是歐洲泥蜆。」三天後，達爾文回覆以連珠炮般的問題，想知道那貝類的長度與寬度、附著在幾隻腳上（哪幾隻腳）；他也建議華特與《自然》期刊連絡。對一名只受過基本教育（從華特的手寫字跡看來）、由鐵路公司年輕職員轉行製鞋的人來說，收到這樣的回覆，肯定讓他獲得某種程度的鼓舞。華特回信時不只答覆問題，也把龍蝨和貝類一併寄去。達爾文收到時，龍蝨和貝類都還活著，於是他把那「可憐的」昆蟲放入瓶中，加進一些切碎的月桂葉，「讓牠死得容易一點、快一點」。接著，達爾文把兩份標本寄給一位貝類專家鑑定種類，但那位專家不在，標本退回，不幸被一名僕人弄壞了。在此同時，華特又於星期日回到同一個池塘，發現一隻死青蛙腳上也緊緊附著同一種貝類。四月六日，達爾文在《自然》期刊發表一篇通訊文章，描述華特發現的蛤貝；達爾文早就認為有些軟體動物會附著在其他動物身上，以便從一個池塘遷移到另一個池塘，華特的蛤貝正是此項理論的最佳證據。這是達爾文發表的最後一篇論文，十三天後，他就過世了。

華特和太太莎拉育有四個孩子，在一八八六到一八九八年間相繼出生。孩子們成長過程中，英國愛德華時代相對和平與自由的氛圍倏忽消失，他們註定要歷經隨後三十年間的戰亂與頹圮，感受周遭瀰漫的失望情緒。長子小華特接掌家中生意，一九三〇年代中期製鞋公司生意失敗後，他承受了家族的責難。其中一項原因（或可說是結果）可能是他熱切擁抱當時最新、卻也隱含一些陰謀論氣息的經濟理論，這個理論受到諾貝爾化學獎得主索迪的大力擁護，認為當時的經濟危機乃因銀行沒有百分之百妥善處理債務所致。一九三九年，小華特甚至和索迪合寫了一本小書，他們對世界的呼籲可由書名清楚看出：《廢止私有資金，否則將遭負債壓垮》。第二次世界大戰開打時，小華特移民到美國，後半輩子都代理銷售一家對手製鞋公司的產品，最後定居在加州的一片橘子園。

華特的次子哈利是克里克的父親，小華特負責工廠生產時，哈利的角色是經營倫敦的鞋店。工廠倒閉後，哈利苦於無法負擔兒子的學校寄宿費。三子亞瑟發展得最好，他沒有進入家族企業，而是在肯特郡成立製藥公司，主要產品是消化制酸劑，後來開設了好幾家藥房，生意很不錯。這也讓他有足夠的經濟能力，能夠負擔侄子克里克就讀倫敦大學學院的學費，多虧有他的資助，克里克才不需要放棄科學之路。華特的四子威廉則加入英國皇家約克郡輕步兵團，官拜少尉，於一九一七年死於法國的阿拉斯戰役，得年僅二十歲。么女溫妮費德嫁給經營皮革製造公司的迪金遜，仍住在北安普頓，育有四個孩子，到老都保持直言不諱的作風。

克里克無緣認識自己的博物學家祖父，但他的小華特伯伯也對科學很有興趣。小華特教他吹製玻璃，鼓勵他在花園小屋進行不成熟的危險化學實驗；許多二十世紀科學家兒時都在家中小屋或閣樓做出太過成功的爆炸實驗，演化理論學家漢彌爾頓就是好例子，而幸好克里克保全了所有手指。克里克的父親哈利生性快活，對於網球、橋牌和園藝的興趣遠大於科學，甚至曾於溫布頓出賽過一次，只可惜輸掉了這唯一一場比賽。哈利的兩個兒子都承繼了他對網球的興趣和天分，克里克曾在學校籌組網球隊，弟弟東尼還打入全郡的比賽。不過早在認識對網球十分瘋迷的華生之前，克里克已經很久不打球了。

一九一四年九月，哈利與安妮・威爾金斯結婚，兩人的父親同樣是白手起家的生意人。安妮有五個兄弟姊妹，父親威爾金斯開了多家生意很好的連鎖服裝店，但在遺囑中只留下一家店，其餘讓各店經理買下經營權，因此安妮和姊姊伊索只繼承到「威爾金斯與達金」一家店，位於威特郡的特羅布里奇鎮，其他兄弟姊妹則將手中持股出售。多虧有威爾金斯家的財富，使得克里克往後生活無虞，伊索姨母過世後也將劍橋的房產留給他。伊索擔任教師的工作，安妮則是護士，她們同樣個性強悍，有好一段時間堅持單身。安妮非常注重健康，幾乎滴酒不沾，後來醫師建議她為了健康因素喝黑啤酒，她只好在床上捏著鼻子吞下去。三十五歲時，她與哈利閃電結婚，哈利比她小了十歲。安妮生了兩個兒子，法蘭西斯和東尼。根據家族傳統，伊索姨母帶著剛出生的法蘭西斯・克里克到屋頂上，保佑他的工作生涯能「攀上頂峰」。

正因如此，克里克在富裕中產階級的生活習慣與回憶中成長，但家中並不是非常富裕。而克里克家族除了在二十世紀的艱困歲月中逐漸喪失財富，宗教信仰亦然。一如達爾文家族，克里克家族也是不屬於英國聖公會的一位論派信徒[1]（一位論派信徒向來對事物抱持懷疑的態度，因此孕育了許多科學家），但後來與當地牧師起了爭執，轉投北安普頓的公理教會。安妮是公理會信徒，哈利也進入教會服事，只不過兩人都沒有特別熱中宗教事務；哈利有時會在週日下午打打網球，大人特別告誡小克里克，千萬別在其他教友面前提起這件事。由此看來，雖然克里克終生熱切擁抱無神論，但並非因為小時候被迫接受宗教、心生反抗所致。十二歲時，克里克突然拒絕上教堂，他母親曾有一段時間不高興，但這似乎沒有對其他人的平靜生活造成太大影響。進入寄宿學校後沒得選擇，一定得上教堂，克里克倒是認為參加唱詩班和坐聽佈道並非苦差事，那只是儀式的一部分，他甚至覺得不合邏輯的佈道內容深具娛樂性，沒那麼討厭。

毫無疑問的，克里克之所以拋棄宗教信仰，乃是因為與科學相較，聖經的一些說法顯得不正確。「如果聖經的一些說法顯然有誤，」他在回憶錄中寫道，「為何我們仍應自動接受聖經的其他部分？」而這一點有其兩面：他拋棄了宗教信仰，同時更激發他往科學前進。「為了找出我們在宇宙中的定位，還有什麼事比剷除早期信仰的不當殘跡更重要的呢？」

早熟的無神論思考、孩提時代對事實與科學的迷戀、很有自信地抱持懷疑態度、具備一些數學能力——傑出才智的條件皆已備足。但克里克與往後的合作者華生和布瑞納不同，後兩人早在十六歲便進入大學，克里克倒是沒有顯現如此天才。事實上，至少在他一生的前三十五年，他並沒有特別突出的成就。雖然在一九三〇年代，他贏得北安普頓預科學校的獎學金，前往倫敦北郊米爾丘的寄宿學校就讀（他的父親和三位叔伯也都就讀這所不屬於聖公會的學校），但他在學校裡也沒有特別突出。一個同學說他「個性外向、略顯古怪」，總穿著麂皮鞋子，並稱他為「吹牛大王」。該校校長是最早對克里克那獨特、巨大的笑聲印象深刻的人們之一。他參加學校的網球隊，數學和科學成績很好，曾贏得化學獎項；然而他並不是學校最優秀的學生，也沒有如願進入牛津或劍橋大學。克里克確實曾就波爾的原子論發表演講，兼述量子力學，並解釋週期表，但如同後來對神經學家薩克斯所說，他不曉得自己究竟理解了多少。

一九三四年，克里克在倫敦大學學院找到棲身之所，主修物理學，然而三年後畢業時，他只拿到令人失望的二等學位。這時，克里克的雙親搬家到倫敦北郊，要讓

---

1 一位論派認為神只有一個位格，而非三位一體。此教派於十八世紀末、十九世紀初在英美開始發展，對傳統的基督信仰多有質疑，通常被視為是基督信仰中較為自由開放的一個教派。

弟弟東尼在米爾丘就讀日校，克里克也就搬回家住，每天通勤到校。倫敦大學學院有個綽號叫「戈爾街的不信神學院」，創立於一八二六年，很早就確立教育內容不包括宗教。克里克大學時代最要好的朋友是科林渥，兩人曾同住一間公寓，後來科林渥成為律師。大學畢業後，克里克獲得叔叔亞瑟的資助，於大學學院開始攻讀博士，追隨恩得雷德教授，他以前曾與拉塞福共事；拉塞福寫了一部名著《原子的結構》，後來也在《泰晤士報》撰寫科學專欄。恩得雷德身材矮小，服裝總是無懈可擊，聰穎、敏感、健談，對詩作有極佳的鑑賞力；對於克里克這樣極富好奇心的年輕學生來說，恩得雷德聽起來像是最佳的教授人選，但兩人似乎沒有激盪出太多的火花。恩得雷德的研究興趣是與流動、黏性和蠕動有關的數學，他給的題目在克里克心目中是「你能想到的最乏味的問題」，要在攝氏一百到一百五十度之間，測量水受到壓力所呈現的黏性。除了製作銅質震盪儀器還算有趣、第二年也因這個研究工作獲頒獎項，克里克事後回憶那段經驗，認為「完全是在浪費時間」。

德國空軍總司令戈林讓他脫離這痛苦的黏性實驗。一九三九年戰爭爆發，倫敦大學學院物理系撤往威爾斯，但克里克選擇待在家裡。戰爭爆發的第一週，他和弟弟在米爾丘學校空無一人的中庭打回力球，因為學生們都撤往威爾斯了。一九四〇年初，克里克在英國海軍部找到一份平民身分的研究工作。戰爭爆發後不久，一顆地雷（其實是海軍用的磁性水雷，裝了降落傘，從飛機投下）直接命中克里克精心製作的黏性研究儀器，讓他鬆了一口氣。

在英國海軍部，克里克是在馬西手下工作，馬西也是倫敦大學學院的教授、拉塞福的另一個學生。馬西是澳洲採金礦工之子，一九三八年成為倫敦大學學院數學教授，專長是量子力學和原子碰撞。馬西領導一個研究小組，剛開始負責設計掃查磁性水雷的裝置，後來則設計能躲過敵方偵查的磁性水雷。英國早在一九一七年便發明第一個磁性水雷，但在兩次大戰之間沒有再繼續發展，因為海軍和空軍對於研究歸屬爭論不休；等到一九三九年秋天，德國開始在英吉利海峽沿岸與泰晤士河口遍置水雷，令英軍大為震驚。磁性水雷放置在海底，一旦偵測到附近地球磁場發生擾動，水雷會因本身沉降造成壓力改變而爆炸。原理是船身的鋼鐵外殼會使地球磁場微微集中一些，方向是從北極往下指，造成水體略微往下沉，於是船隻開到水雷上方時，這個效應足以啟動水雷的引爆機制。一九三九年十一月，英國總共有二十萬噸的船隻遭到炸沉，迫使倫敦港不得不關閉。私底下，英國政府束手無策，大眾也樂得將這段沒有實質戰事的時期稱為「假戰」，但有一個月的時間，英國的處境真的很危險。幸好在十一月二十三日，當晚是大潮，一架德國的水上飛機在沿海地帶施放降落傘，一位腦筋動得快的海巡人員突然想到，等到隔天早上四點大潮退去後，必然可以看到露出的水雷。果然等到退潮後，兩枚磁性水雷暴露出位置；其中一枚水雷先拆除雷管，保留引爆裝置以便研究。原來那是一根磁針，在南極那端略微加重，等到船隻經過時拉動北極那端，使電路接合，於是電流通過雷管而引爆水雷。得知原理後，科學家據以設計掃除水雷的方法，保護鋼製外殼的船隻。克里克便是受雇進行這方面的研究，他們讓兩艘木製外殼的船隻後面拖著電纜，很快便證實這種方法可以破壞水雷；另一種方法是「中和磁場」，即先在碼頭為鋼製船隻加裝巨大的線圈，入水後可向周圍施加暫時磁場，磁場方向是從南極向下，果然讓船隻受損機率大大降低。

一九四〇年二月十八日，已在海軍部任職的克里克與朵琳・陶德結婚，她同樣就讀倫敦大學學院，擁有英語文學學位。朵琳個子高䠷、金髮、有張寬臉，喜歡讀蘇格蘭作家史摩雷特的小說，當時任職於英國勞工部。他們舉行了一場戰時的低調婚禮，沒有蜜月旅行，只在倫敦聖潘克拉斯的辦事處註冊結婚。到了十一月，正值德軍密集轟炸倫敦的閃電戰期間，克里克的兒子麥克出生了，想必是伴隨著空襲警報出生的。

克里克此時轉換到海軍部位於倫敦郊區特丁頓的研究實驗室工作，後來研究小組又搬遷到水雷設計總部，靠近南部沿海的哈文特，位於一棟名為「西萊」的攝政時期建築內。在此之前，他的工作內容是要設法破解敵人的水雷，到了這裡則負責設計不被上述方法破解的水雷。克里克在附近租了一棟簡陋小屋安置朵琳和小寶寶。那時候的生活必然很不平靜，因為附近的普茨茅斯幾乎夜夜遭到轟炸，南部海岸也列為軍事區，人們行動受到高度限制。克里克只是水雷設計部的低階職員，但有許多跡象顯示，他的強悍個性（不一定服從小組的決議）開始受到注意。可以想見，一名年輕人身穿破舊的平民服裝，聲聲指責高階的海軍軍官儘說些廢話，必然讓那些軍官不太習慣。儘管年輕，克里克終能領導代號「MX」的小組，手下有好幾個人聽命於他。此時，他們的研究工作不只是改善引爆裝置，更要著手修改水雷的引爆電路，以便有效克制敵人的破解方法。

隨著戰爭持續進行，克里克發現自己對於策略和情報愈來愈有興趣。有一天，一名德軍水手在占領港的酒吧放鬆過了頭，不經意說出他服役船隻的船頭裝有巨型磁鐵，而有人將這段談話傳遞給英國海軍的情報機構。後來得知，這艘船是名為「Sperrbrecher」的掃雷艦，比起大多數的掃雷艦都要巨大，武裝也更為精良。它的船頭裝有五百噸重的電磁鐵，可以偵測船隻前方的磁性水雷（這種系統只能對付英軍佈下的水平式水雷，不能偵測德軍的垂直式水雷）。馬西問克里克會如何對付這樣的船隻，他立刻就指出，可以佈設一些非常不靈敏的水雷，只有當掃雷艦行駛到水雷的正上方、磁場極強時才能引爆這些水雷，距離稍遠一些就偵測不到。但因這種水雷太不靈敏，必然炸不到一般船隻，許多海軍軍官心想，佈了這麼多水雷卻傷不了敵軍其他船艦，一開始都不能接受，但是克里克非常堅持。為了執行計畫，他必須知道掃雷艦上磁鐵的確切長度，可是大家都想不出該如何取得這項資訊；微醺的水手不見得知道，更別提主動吐露了。幸虧他們運氣不錯，一九四二年七月有一天，英國皇家空軍一架偵察機飛越法國洛里昂上空，正好在掃雷艦引爆一枚水雷後拍下照片。在兩張連續照片中，船艦的尾流正好切過水雷爆炸所引發的圓形波紋，讓克里克和同事得以精確計算掃雷艦的磁場有多強（計算時要納入船速、水深、水雷大小和波紋直徑等）。

於是，他們在普茨茅斯測試一種特製水雷，使引爆裝置增加阻力、降低靈敏度，結果測試情況非常成功，英國皇家空軍便根據先前空拍結果，將幾枚這種水雷放置在德軍掃雷艦經常掃察的區域。不到兩星期，這艘掃雷艦便已葬身海底。到了戰爭末期，這型掃雷艦有超過一百艘已然沉沒，不僅使得德國海域布滿水雷、行船困難，也讓敵軍損失了大批昂貴船艦。克里克後來又用類似手法對付「感音水雷」，這種水雷是經由船隻引擎的噪音而引爆，在二戰期間，德軍和同盟國都研發出這種水雷；克里克也做出他的「特製水雷」，靈敏度低且很難偵測到，因此造成沉船的成功機率比其他水雷高了約五倍。這個結果顯然讓克里克頗為得意，只不過到了戰後，他心中難免混雜著些許罪惡感，或至少行事風格變得謹慎許多。

一九四三年，馬西離開此地前往美國柏克萊，研究鈾同位素的分離工作，克里克轉而聽命於柯林伍德；一九一六年日德蘭戰役之前，柯林伍德因一場意外不幸殘廢，自英國海軍退役，後來在劍橋大學研究數學。柯林伍德很欣賞克里克對水雷的研究，於是將不少有趣的任務分派給他。他們也結為好友，柯林伍德經常於週末邀請克里克造訪他位於諾桑柏蘭的大房子。一九四四到四五年冬天，克里克突然有機會出國，這是他生平第一次出國。當時德軍研發的最新武器是「感音魚雷」，又稱「蚊子」，由潛水艇發射，並可偵測船隻的引擎聲而自動導航。各路人馬都想取得一枚完整的感音魚雷，但始終未能得手。一九四四年七月三十日，德國潛艇「U－250」在瑞典與芬蘭之間的波士尼亞灣擊沉一艘俄國獵潛艦，爆炸事件引來許多俄國船艦，其中一艘成功擊沉德國潛艇，使之沉沒於淺水區。儘管這艘潛艇曾遭到魚雷艇和芬蘭海岸砲臺的猛烈轟擊，俄國人仍將它打撈上岸，送往克朗施塔德島的海軍基地，船上的感音魚雷也保存完好。剛開始，俄國人拒絕與盟軍各國分享相關的技術細節，但英國要求派遣一個小組前去檢視「蚊子」。經過漫長的拖延與爭論後，一九四五年二月，柯林伍德和克里克終於搭機飛往埃及開羅，再飛到伊朗乘坐俄國飛機，經由巴統[2]飛抵莫斯科。在這趟旅程中，英國海軍發給克里克一套制服，官拜所謂「T-force」（意思是技術部隊）海軍少校，後來他把帽子留下。往後他還用得上這頂帽子，在一九六〇年代戴著它航行地中海。

柯林伍德和克里克在莫斯科與兩位英國海軍軍官會合，他們是從莫曼斯克一個小型的英軍駐紮地前來，其中一位是道格爾，後來與克里克成為非常親密的好友。道格爾曾於回憶錄中描述第一次與克里克見面的情景：「有個身材很高、黃棕色頭髮的年輕人，走起路來有點彎腰駝背。他顯然非常幽默，經常爆出音調很高的笑聲，簡直像驢子叫。」他們一同前往列寧格勒，克里克有道格爾充當翻譯，在彼得保羅要塞待了兩個星期，試圖了解感音魚雷內部的電路型式。然後他們回到莫斯科停留兩個星期，努力彙整資料交給英國海軍部，隨後道格爾搭乘火車北返，克里克則搭機南返伊朗，再轉機回到英國。

2 位於今日喬治亞共和國。

第二章

三位好友

二次大戰進入尾聲，有三個人進入克里克的生命，從此在不同方面相伴他左右，也是他達到未來偉大成就的重要推動力。他們的名字是喬治・克萊瑟爾、奧蒂兒・史畢德和墨里斯・韋爾金斯。克萊瑟爾是第一位在克里克身邊扮演「回響板」角色、與他進行智識激盪的人；終其一生，克里克追求智識都採用唱雙簧方式，與一位固定的朋友長期不斷對話討論，形式介於質詢詰問和蘇格拉底式的問答對話之間。某些時候，他身邊沒有這樣的「回響板」朋友，看起來便有點失落。克萊瑟爾是第一位扮演這樣角色的人，後來依序有華生、布瑞納和科霍順勢補位。

克萊瑟爾比克里克小七歲，不過他比較像克里克的導師而非追隨者。他出生於奧地利的猶太人中產階級家庭，趕在奧地利遭德國併吞前，家人把他送到英國讀書，後來進入劍橋的三一學院，也和大哲學家維根斯坦成為朋友。克萊瑟爾是非常傑出的數理邏輯學家，往後在「證明理論」（proof theory）方面做出深廣的貢獻；他的個性非常離群、古怪，想來頗適合這個領域。他老是提著手提箱浪居各地，每天晚上固定九點鐘就寢，睡覺時要求周遭必須徹底安靜，因此會拔掉冰箱插頭；他還要求徹底黑暗，將窗簾夾得密實完全不透光，彷彿自己執行戰時的燈火管制似的。一九五〇年代末期，他曾與英國物理學家戴森的數學家太太胡珀同居數年，除此之外一直是個浪居各地的單身漢，時常出入各地大教堂、法國蔚藍海岸的海灘及富豪的城堡，以進行他的征服行動。他會在沙灘上隨意與女性搭訕，宣稱成功機率是百分之十。克萊瑟爾廚藝精湛，往後經常在克里克的劍橋家中盡情打著赤膊，辦起沒完沒了的宴席（等大家吃完一餐，他又開始煮下一餐）。克里克成名之後，克萊瑟爾偶爾會假冒他的名字，克里克之所以發現，是因為收到一個西班牙人來信，隨信附上一張那人與「法蘭西斯」的合照……想當然那是克萊瑟爾。這位仁兄的臉皮相當厚：「我出外旅行時經常用你的名字啊。」又有一次，克萊瑟爾在摩洛哥的海灘遭到逮捕，他對警察說自己是克里克。

克里克與這位不凡人物是在西萊的餐廳認識的，那是一九四三年的一天晚上。軍方直接從三一學院徵召克萊瑟爾前來為柯林伍德工作，不過隨後他回到倫敦，負責計算法國諾曼地幾個人工臨時港口的海浪效應。克萊瑟爾和克里克一認識就很投緣，因為他們都覺得同桌另一位化學家言語乏味。他們的友誼持續增長，正如克里克後來所說，顯然是這位年輕人教導他如何正確思考：「剛認識他的時候，我思考事情比較草率，有點王爾德式機智風趣、似是而非的調調。克萊瑟爾會以客氣但堅定的態度指出我的草率想法，於是在他的影響下，我的想法變得比較有邏輯，也有較好的組織。」

克萊瑟爾則認為，這表示他說服健談的克里克不再把腦子想到的第一個念頭說出來，而是要找出「切中要旨的表述」。

克里克很擅長抽象思考，克萊瑟爾有一次觀察他思考「尼姆」[1]這種雙人數學遊戲的致勝策略，發現他會從「第一原理」這種最基本的假設入手，但總是以經驗和事實為依據。從克萊瑟爾這類數學家的標準來看，克里克思考事情很乏味、甚至太過平凡，但這或許是他成就非凡的原因。克里克向來對哲學毫無興趣，他認為哲學只是一連串否定自己的過程，那些哲學家總是無視於經驗和事實，而且除非你逼迫他們，否則絕不會改變想法。但他認為克萊瑟爾是個例外，因為克萊瑟爾的思考方式深受數學影響。克萊瑟爾曾提起克里克與維根斯坦的一次爭辯，事情發生在一九四五年春天，地點是三一學院維根斯坦的研究室；他們辯論的主題竟是選舉政見，令人頗感意外。那年夏天即將進行一場選舉，維根斯坦指責邱吉爾陣營運用納粹集中營的影片打選戰，擔心人們會對集中營的恐怖行徑感到麻木；他還抱怨很不容易為奧地利的家人拿到補給包裹。克里克面對大師毫無懼色，嚴辭反駁維根斯坦的兩項憂慮，指出這場選舉的焦點應該放在國內事務。

話說回來，克里克能變得比較不拘泥於傳統，克萊瑟爾也許應該居功；根據許多人的說法，克里克剛離開倫敦大學學院時是個循規蹈矩的年輕人，經過戰爭的洗禮蛻變為非常不一樣的人。大戰結束後，他住在倫敦皮姆利科區聖喬治街五十六號的一樓公寓。到了這時，他和朵琳的婚姻已經搖搖欲墜。還住在哈文特的時候，朵琳便愛上一名加拿大士兵波特，準備隨波特回到加拿大結婚，四歲兒子麥克則送到北安普頓與祖父母同住。搬到倫敦後，朵琳也一起住在皮姆利科區的房子裡，睡在大門右側的單人房，克里克和克萊瑟爾則分別睡在大門左側的另兩個房間。克萊瑟爾住到一九四六年便搬出，那個房間由甫自俄國返英的朋友道格爾接手進住。他們雇用一位威爾斯管家幫忙準備早餐，吃完早餐後，克里克走路或騎腳踏車到海軍部上班。道格爾從海軍退伍後，回到戰前在英國國家廣播公司（ＢＢＣ）的工作崗位，漸漸成為ＢＢＣ的當家新聞主播，他曾如此回憶克里克：「他似乎決心要揮別自己性格裡所有無趣的部分。」他們談論「宗教、政治、國際事務、俄國等種種議題，而我們對每件事情的意

1 尼姆遊戲的規則如下：將某種物體（例如小石頭）分成數堆，兩位玩家輪流取走一些小石頭，如果輪到某位玩家時，場上已經沒有任何小石頭，那麼他就輸了。輪到你撿石頭的時候，你撿的石頭必須是在同一堆裡面，而且至少要撿一顆石頭。目前數學家已經找出了不算太複雜的演算式，可以推演出玩家在各種遊戲情況中如何取勝。

見幾乎完全相反。」（這番談話讓克萊瑟爾很困惑，因為他不記得曾和克里克討論過任何這類議題，當然除了宗教以外。）道格爾也認為原子彈對克里克造成很大的影響，使他再也不想從事與武器有關的工作。至此浮現一個男人的形象：即將過三十歲生日，對傳統事物不太有耐心，無論這世界怎麼想，他都決心要善用腦中智慧，跟隨自己各種奇想而行。對此，年輕時的克萊瑟爾顯然要負點責任。

大戰末期進入克里克生命的第二個人是一位女性，往後成為他的第二任妻子。一九四五年初，一天傍晚，克里克（那時候他還住在哈文特）到倫敦的海軍部辦公室洽公，不意見到一位引人注目的年輕女子走過辦公室，她是英國皇家海軍女子勤務團的三等軍官，身穿俐落的制服，正從樓上辦公室走下來準備返家。她手上的購物袋不小心掉落，袋內的球芽甘藍菜滾了滿地，克里克幫她撿拾，也順便邀她共進晚餐。眼前這位平民生得瘦長、身穿毫不起眼的雨衣，女子拒絕了這項相當直接的提議。但克里克不氣餒，幾週後下一次造訪倫敦時，又邀請這位女子共進午餐，而這一次，他的外表看來體面多了。她心想：「吃個午餐應該無妨吧。」

她名叫奧蒂兒・史畢德，而她有很多特點恰好是克里克沒有的：藝術天賦、國際化、旅行經驗豐富。她的父親是諾福克郡金斯林鎮的珠寶商，母親則是法國人，一次世界大戰期間來到諾福克郡學英文。奧蒂兒曾於一九三〇年代在維也納住過兩年，說起德文和法文同樣流利。她原本要前往巴黎就讀藝術學校，二次大戰爆發後，她加入英國皇家海軍女子勤務團，曾有幾個月時間駕駛卡車，接著到南部海岸駐紮了三年，負責監聽德國的無線電通訊，將訊息傳遞給布里奇利公園的密碼破解員，總之是很單調乏味的工作。大戰末期，海軍部的魚雷與地雷部門副部長林肯徵召奧蒂兒，交給她同樣無聊的工作，負責翻譯與魚雷和地雷相關的德軍俘獲文件。奧蒂兒耗費了漫長時日，身陷於充滿技術與工程術語的枯燥書本間，內心極度渴望離開軍隊，回到藝術學校，繼續過自己的生活。而眼前這名身材瘦長、薑黃色頭髮、身穿雨衣外套的男子似乎沒啥出息，特別是他已婚（儘管已分居），還有一個兒子。她對科學一點興趣也沒有，而他，在目前這個階段，對藝術所知非常有限，然而兩人往後在人生路上結伴同行了六十年之久。一九四五年，他們開始謹慎交往，不過這段關係處於諸多陰影之下，包括克里克尚未完成離婚手續、工作不確定，再加上照顧兒子的負擔，朋友們都勸他最好不要貿然再婚。

於此同時，海軍部的工作不再讓克里克感到滿足。其他公務員對克里克的頭腦當然有很高的評價，但對於擁有頭腦的這個人並不是很肯定。一九四六年三月，克里克申請成為正式公務員，以便加入海軍情報處。經由三位「外聘教授」組成委員會面談審查，他的申請遭到拒絕。然而海軍情報處急著要他加入，於是安排了第二次面試，這次由史諾擔任召集人，他當時是科學家，後來成為小說家。「我沒讓他們留下很好的印象，」克里克寫道，「但無論如何，他們決定讓我通過。」克里克令自己跳入海軍情報處的官僚政治角力場，他一度寫信給科學情報處的前任首長瓊斯，請求他協助遊說情報處的關鍵資深官員，希望讓情報處的權力更加集中運作。這段時間是否令克里克終生厭惡行政管理工作？等他年紀大了以後，克里克會說，之所以不想做任何管理工作，是因為他不善於操縱別人。

到了一九四六年中，克里克下定決心徹底離開政府機構，除了對官僚文化的混亂狀態感到幻滅，更意識到自己的頭腦是用來達成破壞性的目標，這令他感到不安。往後他回憶那段時期，認為當時他做出了人生的重要決定，而非人生的失敗時刻。他憶起曾對幾位海軍官員講述盤尼西林的種種（並不是說他有多麼了解盤尼西林），講了一半突然意識到，他最想閒聊的事情正是自己最感興趣的事情；他稱之為「閒聊檢驗法」。但這時他已經三十歲，博士沒有修完，拿得出來的只有未完成的政府科學研究工作……更別提還有個兒子要撫養。他最熟悉的是磁學和流體力學，而如今兩者都讓他覺得無趣。這種時候，多數人會選擇到工業界或商界找工作，但克里克的內心仍躲著那個充滿好奇心且缺乏耐心的十歲男孩，擁有無比的企圖心，希望在世事皆有定論之前找到新的發現。他身上也有些許克萊瑟爾那般不受世俗羈絆的古怪離群性格。於是克里克下定決心，他不只是要重返科學界，更要在科學界闖出一番偉業，甚至解開某個謎團。他去找克萊瑟爾商量，克萊瑟爾講了一句反話來激勵他：「在科學界，我看過很多比你笨的人都成功了。」克里克宛如已然破產的賭徒，手上沒有任何王牌可打，只剩下冒險精神，開始思考他想先解答哪一個問題：大腦的祕密，抑或生命的祕密。正是「生命的祕密」這個問題，引領他認識了墨里斯・韋爾金斯，戰後初期進入克里克生命的第三位重要朋友。

韋爾金斯的人生故事和克里克自己非常相似；沒錯，由於克里克的母親也姓韋爾金斯，他們很好奇彼此有無親戚關係，結果是沒有。他們都有祖先是一身反骨的一位論派信徒，而韋爾金斯有一位反對英國國教的祖先很有名。他們都生於一九一六年（後來同於二〇〇四年過世），也都出生在經濟不穩定的中產階級家庭，不過韋爾金斯家族比較有書香背景，他的祖母曾就讀劍橋大學，是該校最早一批女學生之一。韋爾金斯的父親是盎格魯－愛爾蘭血統的醫師，一九一三年從都柏林移居紐西蘭，後於一九二三年搬回英國。韋爾金斯和克里克都只拿到令人失望的二等物理學學位（韋爾金斯念的是劍橋），同樣開始攻讀博士（不過韋爾金斯念完拿到學位），大戰期間也都從事武器研發工作（韋爾金斯在美國柏克萊從事研究原子彈的曼哈頓計畫）。兩人歷經了戰時草率倉促的婚姻，如今皆已離婚。一九四六年，韋爾金斯得到一個大有前途的工作，擔任倫敦國王學院新聘生物物理學教授蘭德爾的助理。克里克則仍在找工作。崇高的科學界顯然會把賭注放在韋爾金斯這種人身上。

在這個階段，韋爾金斯的研究目標是以超音波誘發遺傳突變，希望能夠解釋基因究竟是什麼。曾在戰爭期間擔任克里克導師的馬西，也曾在柏克萊為韋爾金斯指引方向，交給他一本德國物理學家薛丁格寫的小書《生命是什麼？》[2]。這本書收錄了薛丁格一九四三年在愛爾蘭都柏林發表的一系列演講，影響了一整代的物理學家轉而研究生物學，克里克也是其中之一。今日讀來，你可能搞不清楚薛丁格談論的究竟是什麼；他認為基因必定非常小，因此必須考慮量子不確定性，這一來就更難理解基因為何能夠穩定地一代傳一代，所以其中必定包含某種全新的物理學。但後來薛丁格受到他的朋友、德國生物物理學家戴爾布魯克的影響，對此又做了進一步的解釋。他並沒有推翻先前的想法，而是指出基因若為「非週期性晶體」就可能很穩定，非週期性晶體具有固定的構造，但不會一直重複。這就足夠讓韋爾金斯深深著迷了（克里克受這本書的影響倒是沒有這麼深）。蘭德爾雇用韋爾金斯的時候還在蘇格蘭的聖安德魯斯大學，後來也邀請韋爾金斯一起到倫敦國王學院。韋爾金斯緊緊抓住這個機會，但事實上，他曾與蘭德爾兩度發生爭執，一次在伯明罕，一次在聖安德魯斯。這情況暗示了第三次（也是最嚴重的）爭執終究會發生，即一九五〇年關於羅莎琳・富蘭克林的聘雇問題。

因此，當克里克於一九四六年認識韋爾金斯時，韋爾金斯已經開始研究生命的祕密了。因著馬西的建議，克里克前去拜訪韋爾金斯。韋爾金斯很喜歡克里克，也希望蘭德爾能雇用他，但蘭德爾認為克里克太愛說話，話中卻沒有多少想法。同時，克里克也對國王學院的研究興趣缺缺，他認為那裡研究人員對儀器的興趣遠大於手上的研究樣本。克里克後來對韋爾金斯說，他想研究DNA簡直是浪費時間，叫他「為自己找個好的蛋白質吧」。無論如何，他們兩人變成好友，韋爾金斯經常造訪霍加斯路奧蒂兒的公寓吃晚餐；他總是直接衝進廚房看看正在煮什麼菜，這件事一直為人津津

2 中文本由仇萬煜、左蘭芬譯。臺北：貓頭鷹，二〇〇五。

樂道。

到了這個時候，克里克至少確定自己想要解開的是有關生命的問題。大腦當然也很有趣，但他受到薛丁格的啟發，認為物理學家在生命問題方面更有發展。他本來獲得一個研究色彩視覺的工作機會，最後決定回絕。一旦確定自己希望從事的方向，他便向英國醫學研究委員會申請獎學金，在申請書中如此解釋：「我最感興趣的研究領域是生命與無生命之間的區別，特別是蛋白質、病毒、細菌，以及染色體的構造。」

在克里克的這個生命階段，最特別的事情也許是他在閒暇時間廣泛自修。早自大戰末期那幾年，他便開始閱讀手邊能找到的各種東西，包括物理學、化學和生物學，有時還從海軍部蹺班跑去參加理論物理學的研討會。坐在辦公桌前，他會偷偷摸摸地讀書；也許很多人都這樣，但讀的不會是有機化學教科書。一九四六年七月，克里克讀了一篇刊登在《化學與工程新聞》期刊上的文章，作者的姓名不是常見的名字，他指出生物學也許不該用分子內的強作用力來解釋，而是用兩個分子間新近發現的微弱吸引力來解釋，其中一個分子具有一個氫原子，因此這種作用力稱為「氫鍵」。克里克並不知道文章作者鮑林是世界上最有名的化學家，但仍將文章裡的知識留存在腦中。克里克努力研究的還不只是書。他的兒子麥克憶道，克里克經常在週末將青蛙帶回北安普頓父母家中，放在鋼桌上解剖，那鋼桌是戰爭時放在家中躲避空襲警報用的。克里克幾乎從來不讀報紙，基於兩個非常理性的理由：第一，如果真的是非常重要的事，上班途中一定會在街上聽到人們談起；第二，基於曾在情報處工作的經驗，他相信在報紙上絕對看不到事情的真相。因此他只閱讀科學。

說到生命與無生命之間的界線，最早在一八二八年已開始挪移，當時德國化學家維勒用人工方法合成出尿素，在此之前只能在生物體內發現尿素的蹤跡。究竟是何種重要的生命跡象使肉體異於黏土呢？對這種跡象的研究便逐漸發展成遺傳學。到了二十世紀初期，除了冥頑不靈的「生機論者」之外，幾乎所有人都已認為生物之所以與無生物不同，並非因為具有特殊的黏性物質「原生質」來掌控一整套獨特的化學作用，而是因為具有基因，使生物能以某種未知的方式自我複製。一八六五年，孟德爾在布魯恩[3]終於有所領悟，若要解釋他所做的植物育種實驗，就必須假設「遺傳」是來自不連續的、具體的「因子」；後來在一九〇九年，這個因子得到新名字，稱為「基

3 今日捷克的布魯諾。

因」。在此之後，美國遺傳學家摩根證明基因是以直線方式依序連接在一起，德國生物學家巴夫來證明基因位在染色體上，美國遺傳學家馬勒證明基因會因X射線而發生突變，畢多證明細胞內每一種化學反應都是由不同基因的產物所控制。

因此，基因的概念已成為二十世紀中葉的核心議題，只不過基因仍是一個徹底抽象的概念，沒有人知道所謂的「基因」究竟是什麼。基因或許讓你有藍眼珠或棕色眼眸，但到底是怎麼造成的？要了解這點，你可以追溯當年的一步一腳印，從中發現一些彷彿先知般偶然出現的預言。一九三四年，英國遺傳學家霍爾登指出，二維平面形態的基因會以類似「負片」的模板進行自我複製，這是最早提及基因具有「互補性」的看法。同樣在一九三四年，英國女數學家林契提出基因以直線排列方式彼此連接，而且組成蛋白質的胺基酸也是如此，這可能並非巧合；這是第一次出現「編成密碼的序列」的看法。但沒有人繼續發展這些看法，兩者都淹沒在眾多錯誤訊息之中。晚至一九五〇年，當時是世人重新發現孟德爾貢獻的五十週年，在一篇紀念文章中，馬勒如此說道：「至今我們尚未擁有足夠的知識，無從得知基因之所以為基因的獨特性質與背後機制，也不知道基因如何能合成出類似自身的構造。」一九四九年，美國的《生活》雜誌刊出一張碩大照片，是染色體的局部放大圖，雜誌宣稱這是有史以來第一張基因的照片。這張照片凸顯了一項無知：就算你看到一個基因，你要怎麼認出它就是基因？

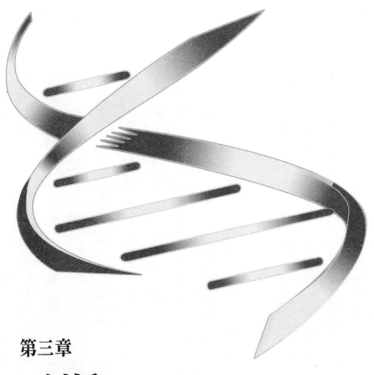

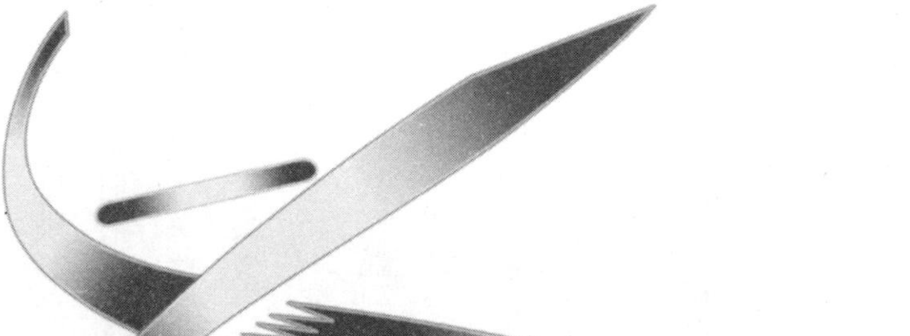

第三章

劍橋

克里克在科學界尋找容身之處的過程並不順利。他遞了申請書想加入知名科學家伯納位於倫敦大學柏貝克學院的結晶學實驗室，但祕書以刻薄的語氣斷然拒絕：難道他不曉得每個人都想加入伯納的實驗室嗎？其他許多介紹信也都石沉大海。其實他在戰時累積的名聲還頗響亮，英國醫學研究委員會視他為生物學界的明日之星，但一開始也找不到地方收留他。委員會主席梅蘭比爵士覺得很不好意思，只能為這位「有其地位的人」提供一份獎學金，一年三百五十英鎊，但克里克在乎的不是錢，而即使有了獎學金，他也還沒在實驗室找到差事。其他幾個機會紛紛落空之後，梅蘭比爵士讓克里克去見動物學家費爾，費爾是劍橋史傳濟威實驗室主任，她同意收留克里克，因為原本任職實驗室的物理學家剛剛過世。克里克向海軍部遞出辭呈，一九四七年搬到劍橋，住在耶穌巷的宿舍，到了週末若不是去倫敦找奧蒂兒，就是到北安普頓探望父母和兒子麥克。

史傳濟威是一個生物學研究機構，一九〇五年獲得史傳濟威醫師的慈善捐款而設立。實驗室座落於劍橋南端一棟漂亮的紅磚大宅，距離市中心幾公里遠。這個實驗室雖與劍橋大學有一些合作，但基本上是獨立的私人研究機構，費爾在這裡建立了完善精良的人類細胞株培養技術。克里克加入的是休斯的實驗室，他能夠讓細胞攝入微小的磁性顆粒，接著把細胞置於磁場下，觀察那些顆粒在細胞內如何移動。休斯很需要精於黏性和磁場的專家，才能知道如何從觀察到的結果解讀細胞內部的性質。

那年冬天，克里克接到韋爾金斯寄來的一封信：

親愛的克里克：

劍橋生活如何？是否有冷風吹越沼澤，拂過劍橋附近水域，呼嘯穿過學校牆上的有刺鐵絲網，令學校大門的掛鎖喀噠作響，也令宿舍管理員和大學生滿面紅光，匆匆踩著卵石路衝向學校廁所？那冷風是否鑽過史傳濟威的門縫底下，令細胞培養液為之凍結，也使所有純正的兩棲類開始冬眠？說真格的，你的進展如何……順便問一下啦（不是說這不值一提）。而下回你來城裡，先捎個卡片給我，我可以電話回覆，講好共進晚餐的日期。我最近煮過不少好菜，也弄到一桶蘋果酒。

一定要讓我知道，好嗎？

墨里斯·韋爾金斯上

不久後，克里克將史傳濟威視為他在生物學領域的見習時期，可對未來即將面對的大問題做好準備。而他的獎學金可以掛在這裡，醫學研究委員會也覺得很高興。但同時看來，留在史傳濟威似乎是死路一條，不僅因為距離劍橋市中心路途遙遠（克里克那時還沒有學會開車，更別提擁有汽車了），也因史傳濟威的獨立性質，使他無法在劍橋註冊為博士班學生。此外，他等於又回頭研究黏性了。一九四八年，克里克的父親過世，享年六十歲。韋爾金斯寫信給他，表示希望這件事不會影響克里克的財務狀況；幸好富裕的亞瑟叔叔依然健在。

克里克決定勇於面對情勢，專心於眼前的實驗工作。他加入自然科學俱樂部，認識了動物學家史旺和莫道赫・米奇森，借用他們的偏光顯微鏡。他也和休斯一同前往巴黎，到巴斯德研究所拜訪脂質專家德菲奇恩。後來休斯和克里克發表了兩篇寫得非常仔細的長篇論文，一篇滿是方程式，另一篇則充斥著實驗細節，描述如何讓磁性顆粒在細胞質內「曲折前進」，以及「拉動」、「刺激」那些顆粒。這兩篇論文並沒有提出確切的結論，只說那些顆粒有時彷彿身陷於膠質之中，還會回彈，有時則不會；此外，論文裡滿是這類敘述：「從這些活動方式看來，絕對無法得到明確的結果。」老實說，這是最糟糕的科學研究：超過七十多頁的內容盡是密密麻麻的實驗細節，而且對測量結果做了過多的分析，卻沒有提出任何假設。這種論文通常只是為期刊充版面，根本沒有人會讀，但即使如此，仍可從中看出克里克未來將展現的風格。這些自命不凡的細胞質研究其實早已為人所遺忘，但文章一開頭便筆調辛辣，甚至批評起來有點傲慢：「海爾布隆[1]還是海爾布魯……似乎根本沒弄懂，由於黏性的關係，這一類的力必定完全抵消掉了。」「我們特別不贊成佛萊─威斯林[2]那類說法。」還有一個非常克里克式的評論法：「這可能是對的，但顯然沒有出現任何證據。」

這段期間，克里克曾邀請一些訪客前來史傳濟威，針對分子層次的生物學問題舉辦一個討論會。數年後，雖然他不記得當時說過的每一句話，但記得自己曾提到一項關於DNA的事實：X射線使DNA的黏性大大降低（表示X射線會使DNA大分子斷裂開來）。他認為自己可能提到更多關於DNA的想法，包括「基因是由DNA組成」的理論。當然在一九四六到五一年間，他有時候認為基因是由蛋白質組成、有時候認為基因至少有一部分是DNA，兩種想法交替出現；他不是最早有這種想法的人，但也不是最後一個。

1 海爾布隆是德國數學家。
2 佛萊─威斯林是瑞士植物學家。

DNA的研究歷程恰與基因本身非常相似，兩者都是自身領域備受冷落的孤兒。如同孟德爾在一八六五年提出的洞見足足被遺忘了三十五年，一八六八年，遺傳學家米歇爾在德國的杜賓根發現「核素」，這項發現同樣遭到遺傳學家忽略。米歇爾從受傷士兵身上含膿的繃帶純化出一種富含磷的酸性物質，稱之為核素，因為細胞核內似乎有很多這種物質；不久後在瑞士的巴塞爾，米歇爾又從鮭魚卵得到一些更為純化的樣本。後來，核素重新命名為deoxyribose nucleic acid，再定名為deoxyribonucleic acid（去氧核糖核酸），簡稱DNA；不過幾乎整個二十世紀前半，一般認為DNA只是提供基因附著的一種骨架材料而已。DNA顯然是相當大的分子，其結構顯然也相當單調、固定，由一個簡單的磷酸分子接上一個五角形糖分子，糖分子再連接另一個磷酸分子，磷酸又連接下一個糖分子，以此類推。這種固定結構只有一個地方有變化，即每一個糖分子會連接一個含氮的有機分子鹼基，這個鹼基是以碳原子和氮原子組成環狀分子，有時包含一個環、有時兩個環，總共有四種，分別是腺嘌呤、鳥嘌呤、胞嘧啶、胸腺嘧啶。但這樣肯定還不足以解釋生命的複雜性質。

直到一九三〇年代中期，紐約洛克斐勒研究院的艾佛瑞漸漸努力累積證據（至少找到一個相當特殊的例子），顯示純化的DNA似乎具有基因的性質，可以透過遺傳方式改變生物的特徵。艾佛瑞在一九四四年寫了一篇很長的論文發表他的實驗結果，詳述一種沒有毒性的肺炎鏈球菌如何轉變為具有毒性，方法只是將有毒菌株的DNA純化出來，使之與無毒菌株混合在一起。艾佛瑞花了很長時間確定他的DNA萃取物很純，以氯仿、酵素和乙醇反覆處理很多次，確保所有蛋白質都已去除，最後從二十加侖（七十五公升）的細胞液體萃取出來的物質僅僅只有三十克的一百分之一。經過連番測試，他證實這種「轉型物質」具備DNA的所有性質，完全不具蛋白質的性質。

然而，艾佛瑞沒能說服這個世界。並非因為他的論文太難理解，也不是語言隔閡或論文發表地區的關係。事實上，幾乎所有的生化學家和遺傳學家都知道他的實驗，而這正是典型既得利益者的心理，在科學界屢見不鮮。在此之前，人們對於「蛋白質基因」寄望甚深，多年來他們沉浸於化學家列文的說法，認為DNA只是一種「笨笨的」的物質，結構的重複性很高，沒有什麼變化可言，因此沒有很明確的基因性質。在當時，洛克斐勒研究院才剛讓一位德國科學家顏面掃地，這位科學家宣稱有些酵素並非蛋白質，而洛克斐勒的科學家證實酵素就是蛋白質，因此這裡是支持蛋白質的大本營。此外，艾佛瑞有位同事米爾斯基深信一項理論，認為艾佛瑞的實驗結果是因為樣本受到些微蛋白質的污染而造成，他持續反對艾佛瑞的結果，還摻雜了些許個人恩怨；因此，艾佛瑞甚至得不到他自己研究院的支持。不只如此，許多人也懷疑細菌根本沒有基因，或者如果細菌真有基因，那些基因的組成成分也與動物不相同。總的說來，到了一九四〇年代末期，有些人認為基因是由DNA組成，有些人依舊認為基因是由蛋白質組成，而有些人認為基因是DNA和蛋白質的混合物，另外有一些人尚未決定。克里克可能屬於最後一類，但他比較傾向於DNA。而無論他的看法如何，這時候的他只是隔岸觀火，身處於爭論的核心之外。

於此同時，兩件事讓克里克終於能夠離開史傳濟威，一是蛋白質，另一是克萊瑟爾。可能是受到克里克的請求，克萊瑟爾去找一位奧地利同鄉，他名叫比魯茲，最近剛獲得英國醫學研究委員會的聘雇，負責領導一個新設立的研究小組，要在卡文迪西實驗室研究生物系統的分子結構。克萊瑟爾問他是否可收容克里克，他很熱心，於是克里克來見他，而醫學研究委員會的梅蘭比爵士聽說消息也很高興，同意將克里克的獎學金轉移到新設立的小組。一九四九年夏天，克里克甩甩衣袖離開史傳濟威，出發前往劍橋市的心臟、劍橋大學的心臟，也是科學界的心臟……只不過他第一次要從劍橋車站搭計程車前往卡文迪西時，計程車司機說他沒聽過那裡，令他措手不及。卡文迪西是英國最著名的物理實驗室，是馬克士威爾、湯姆森和拉塞福的研究據點。

比魯茲於一九三六年來到劍橋，算是志願前來，與伯納一起工作，但納粹沒收了他家族的事業，甚至驅逐家人出境，使比魯茲成為窮困的流亡者。後來在戰爭期間，英國以「敵人僑民」的名目拘留他，先送到曼島，再送往加拿大；他原本就不是個性溫和的人，這些無情的遭遇令他更加忿忿不平。此時他有了新工作，是在主持卡文迪西實驗室的小布拉格爵士手下做事，準備研究生物物質；早在二十世紀初期，小布拉格曾以同樣的方法研究食鹽，利用X射線找出食鹽的結構。

一九一二年，德國物理學家馮勞厄與同事發現，硫酸銅晶體可讓X射線產生繞射，從而證實X射線是一種波；後來，小布拉格看出那些繞射模式透露了晶體結構的線索，當時他還只是劍橋大學的學生。小布拉格的父親是布拉格爵士，他是英國里茲大學教授，於是父子一起研究X射線受到晶體繞射所產生的斑點，觀察斑點的分布模式，發展出一些詳細的數學方法，能夠還原推導出晶體的結構。一九一五年，小布拉格正在法國服兵役，接到消息得知他與父親共同獲頒當年的諾貝爾獎。

在此之後，結晶學顯現出價值，使得科學家能夠能夠解開更複雜的晶體結構；而布拉格的徒子徒孫持續兩個世代、將結晶學在英國傳開，致力解開生物複雜分子的結構。首先，劍橋的伯納和里茲的阿斯特伯里發現蛋白質可以形成相當程度的結晶，產生不錯的X射線繞射影像；伯納做的是胃蛋白酶，阿斯特伯里做的是角質蛋白。伯納有一位學生叫克勞馥，結婚後冠上夫姓成為霍奇金夫人，她在牛津用X射線照射胰島素的晶體；另一位學生比魯茲則在劍橋挑戰血紅素這種較大的蛋白質，證實血紅素具有近乎球形的結構，而非散亂的膠體型態。這裡暗藏了有趣的線索：比魯茲和阿斯特伯里挑選了不同的蛋白質（一是球蛋白，一是纖維蛋白），但它們具有類似的結構模式。這四個人互為朋友，誰能解開蛋白質的結構特性呢？看起來只是時間早晚的問題。但隨著戰爭來了又去，研究工作逐漸步上常軌，突破之日卻始終沒有來臨。

一九四九年，肯祖魯開始與比魯茲合作；肯祖魯是化學家，曾於戰時擔任名將蒙巴頓勛爵的科學副官。不久，比魯茲的學生赫胥黎也加入陣容。除此之外還有小布拉格的坐鎮指揮，以及電子工程師布洛德的協助，製作出高功率的旋轉陽極式X射線繞射儀器，這在當時是很少見的。克里克則成為這個小組的第四位科學家，也是比魯茲的第一個學生，雖然克里克比自己的指導教授小了兩歲。克里克在劍橋卡文迪西實驗室的待遇沒有比在史傳濟威好，只是把自己的獎學金轉到另一個機構而已，但是他甫於一九四七年與朵琳離婚，終於覺得可以安下心來和奧蒂兒籌備結婚計畫了。奧蒂兒也決定放棄時裝設計課程，搬到劍橋。

他們於一九四九年八月共結連理，奧蒂兒身穿一襲自己設計的及膝禮服，克里克則穿著日間正式禮服。在註冊處舉行結婚儀式後，這對新人在倫敦切爾西區夏納路一棟房子的花園裡舉辦婚宴。他們搭火車前往義大利北部的利古里亞度蜜月，在以前同窗好友的介紹下，於濱海小村彭塔基亞帕找到一間偏遠的小旅店住下，旅店位在峭壁上，距離海邊很近，從蜜月套房看出去即是一望無際的大海。這真是一次愉悅的旅行，得以暫時拋開英國力行簡樸節約的生活。回到劍橋後，他們住進湯普森巷一間菸草店樓上的小公寓，對面即是聖約翰學院，比魯茲等人才剛從這間學院搬出。那間公寓稱為「綠門」，住起來相當舒適，但遠遠稱不上豪華：浴缸在廚房裡，上面放了一塊折衣板，總是堆滿了各式盤子；洗手間位在樓梯爬到一半的地方，克里克每天早上在這裡的小洗臉盆裡刮鬍子，一邊執行這項生活例行公事、一邊努力思考。這間公寓有一間臥房、一間客廳，還有一個小房間給兒子麥克，他從鄧赫斯特寄宿學校放假時便住這裡。房租每週三十先令，他們手頭有點拮据，好幾次克里克得拿打字機去橋街的當鋪換點現金貼補家用。

此時，克里克準備第三次為了博士學位而努力，無法承受再次失敗。然而，他準備要解答的問題（基本上是選一種蛋白質，解出其結構）已讓比魯茲掙扎了超過十年，因著某種似乎無法克服的因素，X射線繞射圖只記錄了波的強度，無法呈現每個波抵達成像平面的相對時間。這所謂「相位問題」的名稱是由傅立葉分析而來，若實驗樣本是小分子，可先建立模型，再以試誤法來解決相位問題，如同小布拉格多年前的做法。對此，克里克做了如下註解：「如果猜得到結構可能為何，那麼只剩下計算的問題，以之推導出那種結構可產生的X射線繞射圖。如果猜得很準，就會像得了大獎。」但若實驗樣本是巨大的球蛋白分子，可能的結構實在有太多種選擇，無法光憑猜測獲得結果。因此，從較小的蛋白質著手應該容易些。

克里克最初挑選的是胰泌素，這是在腸道內發現的小分子荷爾蒙，但克里克無法讓胰泌素順利結晶。後來他改做一個稍小的蛋白質，胰蛋白酶抑制劑，這次幸運多了，可以做出結晶，方法是把溶液放在平底燒瓶內，瓶口的軟木塞穿過一根毛細管，讓溶液花個幾週時間緩慢蒸發而結晶。所形成的晶體長度約為零點幾公釐，顯示其單位晶胞（或稱最小晶體尺寸）相當大，約含六十多個分子，因此X射線無法提供太多關於單一分子的訊息，令人有點失望。接下來他嘗試的是溶菌酶，這是在人類淚液和鳥蛋中發現的抗菌蛋白質；溶菌酶很容易便可結晶，單位晶胞也很小，於是他試做好幾種鳥類的溶菌酶，想找出任一種不同結晶形態的蛋白質，然而試了珠雞、火雞、鴨子和鵝都得不到好結果，甚至在小黑背鷗的蛋裡完全找不到溶菌酶。到最後，他不得不回頭幫比魯茲做血紅素。經由小布拉格的提示，他們現在明白最好要分析不同物種的同一種蛋白質，於是克里克早期的筆記本裡滿是公牛、馬、和兔子血紅素的參考文獻。

克里克加入小組時，比魯茲剛發表一篇血紅素的論文，提出一種類似帽盒的四層結構，而克里克加入的第一個貢獻便是指出這篇論文的漏洞。他閱讀相關文獻已有好幾個月時間，根據他的解釋，X射線資料所顯示的分子密度較之比魯茲的設想要隨意、雜亂得多，應是比較不規則的結構；從資料看來，蛋白質內由平行多肽鏈構成的部分不到三分之一。事實上，克里克漸漸認為蛋白質的結構即使規律，也可能不是簡單的幾何結構，於是透過蛋白質結構迅速解開生命秘密的如意算盤也落空了。在此同時，克里克也已找到一種直觀的方式來研究蛋白質結晶學，這是他的獨門方法。在此之前，若要從繞射圖樣推導出結構，總得經過大量的辛苦計算，像是傅立葉分析、貝索函數、派特森函數計算等；克里克倒不是想避開這些計算，而是他可在腦海裡直觀看出一個單位晶胞的空間群對稱性，也就是你使單位晶胞做某種特定旋轉後，看起來會與旋轉前完全一樣。克里克很努力做這個研究，總是瞇著眼、從特定角度觀看分子模型，研究它們的立體性質。幾年後，他可以輕輕鬆鬆說出各種對稱性的專門術語，只見別人拚命想看出他所說的意思。「能夠處理代數的計算細節確實是必要的，然而我很快就發現，我可以靠視覺和邏輯推演看出許多這類數學問題的答案，不需要先蹣跚橫渡那些數學領域。」

克里克在一九五〇年首次做專題報告，那是二十分鐘的演講，主題是蛋白質結晶學的理論。得到的迴響幾乎全是負面的。演講的題目是「瘋狂的追尋」，這句話出自英國詩人濟慈的〈希臘古甕頌〉。克里克從自己的觀點大肆批評比魯茲等人應用的所有方法，無禮地表示他們所做的必然會失敗，只有一個方法可行：以其他元素的重原子進行「同型置換法」。他說的完全正確，不過只有伯納稍後領悟到克里克所扮演的角色：他帶領蛋白質結晶學家走上這個研究方向。後來，比魯茲和小布拉格終於能夠破解血紅素的相位問題，正是以多種重原子進行同型置換法。但在當時，以最客氣的講法，克里克的表達方法實在很笨拙；如同以往，克里克的腦袋裡從來沒有「給人台階下」這回事。不久之後，克里克甚至把情況弄得更糟，有一、兩次在喝下午茶時把小布拉格晾在一旁，意思是認為他對研究主題不甚了解；小布拉格可是發明結晶學的人啊。一次討論會時，在小布拉格聽力所及範圍內，克里克以其素來喜好批評的語氣大肆議論，小布拉格終於忍不住爆發：「克里克，你要把船搖翻了才高興嗎？」

小布拉格和比魯茲需要有聖人般的耐心，才能忍受這個笑聲像驢子叫的大嘴巴，而與其讓克里克在一旁指指點點，不如叫他說出他們的科學研究有哪裡出錯；然而，比魯茲有這樣的耐心，小布拉格沒有。更糟的是，不久之後，小布拉格便遭到宿敵的羞辱，這個人是鮑林。那時，小布拉格、比魯茲和肯祖魯剛開始採取一種研究蛋白質結構的方法，他們不再從整個蛋白質分子著手，而是試著提出典型多胜肽鏈的一種可能結構。里茲的阿斯特伯里曾以羊毛的角質蛋白進行X射線繞射實驗，證實角質蛋白的長條多胜肽鏈具有不斷重複的結構。於是，劍橋這三位科學家決定運用鍵結與原子的金屬製模型，尺寸完全符合真實比例，想看看能否建構出他們猜測的胜肽鏈構造。胜肽鏈當然有可能形成一直線，不過可能性顯然非常低；比較可行的是某種螺旋結構，也就是一個個胺基酸以某個角度彼此連結，最後產生天然的扭轉結構。阿斯特伯里的X射線繞射圖中有一個關鍵斑點，顯示胜肽鏈可能每五點一埃（一埃是一百億分之一公尺）重複出現相同構造，而三位劍橋科學家受到這個數據誤導，認為這就是螺旋的「高度」（即扭轉一圈橫跨的距離），也判斷螺旋每轉一圈所包含的胺基酸數目為整數，很可能是四個。事實上，這種螺旋並不符合實際觀察結果，胜肽鏈也不可能形成他們所說的角度，只要問任何一位生化學家都會這樣告訴你。但他們還是將這個結果發表成論文。

過沒多久，鮑林也發表角質蛋白所含的一種結構，看起來漂亮多了，他稱之為「α螺旋」。儘管在他的結構內，螺旋每轉一圈只包含三點六個胺基酸，恐怕無法解釋那個「五點一埃」的斑點，但很快大家就發現鮑林是對的，小布拉格錯了。比魯茲幾乎立刻就證實鮑林的結構，他在繞射圖最頂端發現一個一點五埃的斑點，阿斯特伯里漏看了這個點。

正當小布拉格對於來自宿敵的羞辱感到怒不可遏，克里克還不以「把船搖翻」、對大人物有恩而滿足，依然很不圓滑地說，小布拉格有個想法自認很新，其實早就過時了。一九五一年十月，小布拉格提出一份論文草稿，其中包含了「最小波長原理」，以非常巧妙的方法應用傅立葉分析；另外還提出一個構想，不過克里克聲稱自己早在九個月前就想到了。這是最後一根稻草。小布拉格清楚表明克里克的含沙射影深深羞辱了他，於是他寫了一封怒氣沖沖的信談論克里克，寄給英國醫學研究委員會，並把克里克叫到辦公室，告訴他拿到博士學位後，在卡文迪西實驗室不會有未來。克里克顯然嚇壞了。

但是日子總會好轉。一九五一年十月三十一日，格拉斯哥大學晶體學家范德寄來一篇論文，小布拉格把論文拿給克里克看，文中說發展出一種廣泛適用的數學方法，可在X射線繞射圖中推算出螺旋結構。克里克跑去和另一位物理學家柯可倫商量，兩人都注意到范德的論文只有一半是對的。吃過午餐後，克里克因為頭痛回到「綠門」家中休息，坐在煤氣暖爐前一陣苦思，終於想出正確的解答。他不顧頭痛還沒好，又跑去三一街的馬修酒鋪參加夜間品酒活動，他渴望參加這項活動已經很久了；會中提供十九支各式德國白酒，還有一九四九年份的摩澤爾白酒。克里克嚐遍了每支酒，在紙上仔細記錄自己的感想，但他沒有如同一般的品酒習慣把酒吐出。想必頭痛又回來找上他。

隔天早上，他發現柯可倫也把同樣的方程式推導出來，而且證明方法清楚簡要多了。事實上，他們並不知道倫敦國王學院的史多克斯也在幾個月前做過同樣的推導，但對克里克來說，這是值得開心的一刻，他終於實實在在做出一項發現，發現了能夠解釋自然現象的一個普遍定律，也為別人做出正面的貢獻。而看到他們做出漂亮的數學，小布拉格也稍微軟化了些。雖然仍未解決相位問題，他們的數學方法倒是可以預測某些大小的螺旋結構所產生的繞射圖樣。

一年後，克里克終於將了鮑林一軍，他發表一篇論文，試圖解釋那謎樣的五點一埃斑點。那是由「盤繞的螺旋」造成的。由於螺旋每轉一圈所包含的胺基酸數目並非整數個，一條條α螺旋無法恰好堆疊在一起，而是必須彼此盤繞、略微變形，使其中一條α螺旋凸出的胺基酸恰好可以塞進另一條α螺旋的空洞內，這樣的扭轉變形就會製造出五點一埃的斑點。

在卡文迪西實驗室的頭兩年，克里克的成果讓大家承認他是好的理論學家，就連小布拉格也這樣認為，只是他在這裡沒有太大的用處，能夠處理的問題很有限。他的存在頗為尷尬，正如小布拉格的形容，他很習慣「插手做別人的填字遊戲」，不然就是自顧自地批評別人的好點子。不過他在這裡確實學到不少寶貴的東西，像是簡化假設，或是看出事實的重要性（這與分析那個事實同等重要），更別提他再也不會被鮑林打敗了。這些點點滴滴都將成為「雙螺旋故事」的關鍵情節。然而，克里克並沒有比較了解生命的定義。關於蛋白質晶體對稱性的立論確實令他非常著迷（無論如何都比研究黏性好多了），卻沒能對生命的運作機制立刻提出進一步的看法。而等到博士論文完成後，克里克也即將失業，因為小布拉格不想看到他出現在附近。

第四章

華生

華生於一九五一年九月抵達劍橋。他先認識奧蒂兒，他們是在街上偶遇，比魯茲介紹他們認識。那時奧蒂兒推著一輛娃娃車，裡頭是剛出生不久的女兒嘉貝麗，後來奧蒂兒對克里克說的話成為傳奇故事的一部分：「馬克士（比魯茲）來過這裡，旁邊跟著一個沒頭髮的美國人。」（華生那時留著平頭。）要再過三星期之後，華生才真正開始在卡文迪西實驗室工作，也才第一次遇見克里克。根據華生的描述，他們的心靈瞬間契合；不到半小時，兩人便開始談起各自心中猜測的DNA結構。

華生彷彿著了魔，在世界各地東跑西晃，焦急尋找能夠幫助他找出基因構造的人。受到薛丁格小書的啟發，他認為基因是分子；採信艾佛瑞的實驗結果，他知道基因是由DNA組成。早在從芝加哥大學畢業之前，他就經歷過這些彷彿「天啟」的時刻。華生是專業錢幣收藏家與業餘鳥類學家之子，家住芝加哥南郊。他十五歲就上大學，十九歲拿到學士學位，二十二歲生日過後一星期又獲頒印第安那大學布魯明頓分校的博士學位。他之所以去布魯明頓，原本是想追隨遺傳學家馬勒，馬勒是第一個以人工方式誘導果蠅基因突變的人；不過事實上，華生更受到盧瑞亞所做的「噬菌體」病毒遺傳學的吸引。華生給盧瑞亞的印象是「古怪」，個子很高，像筷子般瘦長，與人交談時侷促不安，一句話講到一半老是鼻子噴氣哼哼發笑；他還有個習慣，講起心中想法時坦誠到令人吃驚的地步。念研究所期間，華生認識了戴爾布魯克，即薛丁格那本小書的幕後功臣；華生對戴爾布魯克崇敬有加，花了兩個暑假到冷泉港實驗室跟隨他做研究，甚至有一個暑假隨他遠赴加州理工學院。

噬菌體很適合用來研究病毒如何突變、複製或重組，但還不能由此參透基因究竟是什麼，戴爾布魯克和盧瑞亞也不是特別感興趣。於是，華生又跑去丹麥哥本哈根找凱爾喀，凱爾喀那時正在研究核酸。然而哥本哈根這條路終究行不通，不僅因為當地潮溼、陰暗，也因為凱爾喀只對核酸化學有興趣，而非其結構，再加上他當時因為離婚而千頭萬緒。華生跑去另一個實驗室，向微生物學家麥羅學習用放射性磷做實驗，接著於一九五一年春天隨凱爾喀前往義大利，造訪著名的拿不勒斯動物研究所。華生停留當地期間，除了苦於義大利春天意想不到的寒冷天氣，也參加一項國際性的大分子研討會，剛好韋爾金斯代替蘭德爾來參加這項會議。就在那次會議上，華生無意中看到韋爾金斯秀出DNA的X射線照片。

韋爾金斯花了幾乎一整年時間拍攝DNA的X射線照片。　年前的一九五〇年五月，在倫敦一次研討會上，他得到一些非常完整的DNA樣本，是由瑞士生化學家賽納從牛胸腺製備而成。韋爾金斯發現這個樣本可以拉成細絲狀，在顯微鏡下看來極度均勻，而且從照射X射線的結果看來，這些細絲非常像晶體，於是韋爾金斯跑去找系上一名研究生葛思林幫忙，葛思林把蘭德爾以前用的老舊無力X射線儀器架設起來，放在地下室一間隔著鉛板的房間內。剛開始什麼結果也沒有，因為空氣會將X射線散射掉。他試著把氫氣灌入儀器內，可是很擔心發生爆炸，於是先將氫氣通入水中，藉以測量氫氣的流通量，沒想到這樣一來提高氫氣的溼度，可說僥倖走對了重要的一步。此外，他們做了明智的抉擇，運用些許黏土和一個保險套（從韋爾金斯的皮夾內取得）避免氣體滲漏，終於讓這部拼拼湊湊的儀器派上用場。每一次照X射線的時間長達二十到三十小時，但得到的是一些簡單斑點所組成的清晰圖樣，遠比蛋白質產生的圖樣簡單許多，也比阿斯特伯里用X射線照射DNA的結果好得多。華生在拿不勒斯看到的，正是韋爾金斯在前一年夏天拍攝的那些照片。

華生實在太興奮了，韋爾金斯已經做出的結論，他一眼就看出來：基因必定擁有規律、對稱的結構。這是令人非常驚訝的事，要知道不同物種間的DNA有很大的變異，這點由含氮鹼基的比例可看出。DNA怎麼可能既規律又多變？於是在一次參訪附近希臘神殿遺址帕埃斯頓的機會，華生以自己的漂亮妹妹伊莉莎白當作談話藉口，跑去和韋爾金斯聊天，希望能說服韋爾金斯給他工作機會。雖然爭取失敗了（韋爾金斯覺得很難跟上華生的對話），華生依然決定要找另一個做X射線結晶學的實驗室。最後由長期很有耐心的盧瑞亞出面，請求卡文迪西實驗室的肯祖魯收留華生。

無論華生本來要和誰工作，最後他總是轉而與別人合作。在布魯明頓，他棄馬勒而就盧瑞亞，再改投戴爾布魯克陣營；在哥本哈根，他又棄凱爾咯而就麥羅。此時在劍橋，他立刻就受不了個性謹慎的肯祖魯和比魯茲，懶得再和他們討論基因是否由DNA組成。「太多人要等到事情有九成九的把握才肯動手。」接著他認識了克里克。當時克里克是否已確信基因由DNA組成？或者這一點是華生告訴他的？我們無法確知，但無論事實如何，華生都發現克里克「不需要多費唇舌說服」。克里克後來寫道，早在去史傳濟威實驗室之前，他就問過自己「蛋白質究竟從何而來」，直至華生出現在劍橋，他才意識到必須找出DNA的結構。不用幾星期，華生就寫信給戴爾布魯克，說克里克「毫無疑問是我所認識最聰明的人，也是最像鮑林的人。……他從來不會停止說話或思考。」克里克則對於認識一個懂遺傳學、熟悉遺傳學家的人感到非常興奮。他和華生開始把自己知道的一切教給對方，不過比起對克里克解釋噬菌體如何突變，要向華生解釋傅立葉分析和貝索函數肯定困難多了。有一次克里克開玩笑說，乾脆特別為華生寫篇論文，名為「給觀鳥人的傅立葉轉換」。

過沒多久，他倆幾乎每天都在老鷹酒吧共進午餐，那是位於聖體學院一間亂糟糟的酒吧，位於國王大道附近的班奈特街，距離卡文迪西實驗室約一百公尺遠。他們通常坐在酒吧後面的房間吃午餐，那裡號稱「皇家空軍吧台」，大戰期間英美兩國的飛官很喜歡這裡，天花板滿是那些飛官用打火機燒灼而成的字樣，寫著他們所屬的部隊編號和口令。另有用口紅畫成的巨大女體，一絲不掛只刁著一根香菸，這「老鷹之花艾瑟兒」也在天花板上俯瞰兩人用餐。吃過飯後，他們經常溜達穿越國王學院的草坪，走到劍河畔的「後花園」，談一些深入的話題。偶爾在夏天換成撐篙探險，更常是早晨十點半的咖啡時間、下午四點的午茶時光，談話取代了工作，或可說工作變成了談話。有時候，克里克會帶華生回家，吃一頓奧蒂兒親手烹煮的好菜；在這些時候，華生（顯然被克萊爾學院缺乏變化的食物嚇怕了）總在晚餐時間看來饑腸轆轆。

他們同樣酷愛科學界的八卦傳聞，這是形成此對搭檔的關鍵因素。即使是胡說八道也會向對方說，分享心中的推測，絕不會感受到一丁點拘束，彷彿他們能夠共同探索未知的大海，卻不至於距離事實的岸邊太過遙遠。許多年後克里克這樣說：「我們一點都不怕對彼此不夠坦誠，甚至到了粗魯的地步。」在正式的討論場合上，科學是不鼓勵做推測的，甚至非正式場合也少有科學家留出這樣的空間。一段時間後，克里克和華生都發現，他們兩人的友誼帶有兄弟之情的成分，華生渴望扮演弟弟的角色：傾慕兄長，但也彼此競爭。

他們喋喋不休的談話弄得比魯茲和肯祖魯快要發狂，恰好實驗室一樓有個房間最近空出來，於是把他們安置到那裡。那個房間位於卡文迪西實驗室的奧斯汀翼樓，這是四層樓的長方形磚造建築，由汽車製造商奧斯汀爵士於一九三九年捐建。房間天花板挑得很高，空間約為二十乘十八英尺寬，天花板有十三英尺高。時至今日，房間內的陳設變動不大，牆壁依然是刷白的紅磚，上面釘了幾片寬木板條，其中一條當年用來固定第一個DNA模型；兩扇高聳的金屬邊框窗戶面向東方，可以見到窗外許多其他建築。剛開始，這房間只有克里克和華生兩人使用，後來陸陸續續加入新成員。

問題只有一個：克里克和華生拿的薪水都不是叫他們研究DNA。照理說，克里克應該研究血紅素，華生則該研究肌紅蛋白。說實在的，自從發生一些實驗室慘劇後（克里克曾把抽吸馬達的橡膠管裝錯，兩次水淹實驗室），兩人的指導教授並不會太想念他們，而他們也做得有一搭沒一搭的，手上的實驗數據少得可憐。最好的實驗數據全在倫敦的國王學院，於是在華生的旁敲側擊下，克里克邀請韋爾金斯到劍橋來度週末，希望從他口中聽到更多消息。

從拿不勒斯回來後，韋爾金斯一直沒有閒著。他去拿不勒斯收集到許多烏賊精子，回來後用X射線照射精子頭部（那裡面滿是DNA），由此確認賽納的DNA樣本所產生的繞射圖樣並非特例，所有DNA都產生相似圖樣，後來換成鯡魚精子亦然。所有的DNA經過X射線照射，產生的斑點都會排列成相同模式，正中央上方到下方的「子午線」位置不會有任何斑點，而根據國王學院物理學家史多克斯的計算，這個事實意指DNA是某種形式的螺旋構造。（從側面看去，螺旋會呈現明顯的之字形構造，右斜的部分將X射線導至一個方向，左斜的部分導至另一方向，於是圖樣中央呈現為空白。）到了七月，比魯茲在劍橋舉辦一個討論會，韋爾金斯在會中展示一些照片，重申他認為一般DNA的構造可歸入螺旋類；他甚至提出，這種螺旋的上升角度應該是四十五度，直徑二十埃，而且螺旋每轉一圈的「高度」是二十七埃。克里克也在場，他坐在後排，但要過了三個月後，他才自己猛然醒悟這是螺旋結構，即因頭痛回到「綠門」家中休息那天，而他根本忘了韋爾金斯曾經提過。由此可知，一九五一年夏天華生來劍橋之前，克里克對DNA沒什麼興趣。

諷刺的是，七月韋爾金斯在劍橋發表照片之後沒幾分鐘，他的成功心情一下就被澆熄了。走出會場後，迎面而來的是與他競爭的新同事富蘭克林，她以鎮靜且堅定的語氣叫韋爾金斯別再做DNA了，最後還加上一句：「回去看你的顯微鏡吧。」富蘭克林自認從今以後國王學院的DNA研究工作歸她，原因很簡單，這是蘭德爾告訴她的。蘭德爾希望韋爾金斯不要再做DNA，他在前一年十二月雇用了富蘭克林，她嫻熟於X射線方面的實驗，預計接手DNA的研究，只不過蘭德爾忘了將這件事告訴韋爾金斯。而韋爾金斯以為富蘭克林是來協助他做實驗的，因為他真的認為自己做過這樣的提議。

富蘭克林是物理化學家，曾在劍橋受教育。她出生在富裕、顯赫的猶太人家庭，有一位舅公是曾任英國內政大臣的山謬爵士，山謬爵士曾寫過外交備忘錄，後來落實為《貝爾福宣言》，並促成以色列建國；她的祖父也是凱瑟銀行的資深合夥人。從劍橋畢業後，富蘭克林前往巴黎研究碳的各種結構，包括煤和石墨等；在巴黎，大家都知道她運用起X射線非常機智而熟練。富蘭克林原本沉浸於巴黎令人陶醉的波西米亞氣氛，受聘於蘭德爾之後，她必須適應沉悶古板、樣樣受限於階級制度的國王學院，沒多久就變得很不快樂，不只因為寡言的韋爾金斯所擺出的奇怪態度，而且他講起話來拐彎抹角（與人談話通常只用側臉以對），似乎永遠沒講到重點，也一點都不想把DNA研究交給她。富蘭克林還是研究DNA的新手，她把DNA當成化學問題，而非生物學上的問題。

七月與韋爾金斯發生衝突之後，富蘭克林整個夏天都著手組裝X射線儀器，並在葛思林的協助下，開始拍攝韋爾金斯的「賽納DNA」。富蘭克林對於韋爾金斯仍在做「她的」研究計畫感到很生氣，韋爾金斯這廂也對她遲遲不肯開始「幫他」做研究而大感驚訝；韋爾金斯生性躊躇、害羞，富蘭克林則是易怒、魯莽，個性上的差異使彼此間嫌隙益深。因此在劍橋的十月週末，韋爾金斯告訴克里克和華生，他對於富蘭克林的研究內容一無所知，並不比他們兩人知道得更多。下一次討論會訂於十一月二十一日舉行，韋爾金斯希望能在會中獲得較多訊息。

華生立刻問韋爾金斯可不可以參加討論會，但克里克認為這樣太唐突了；事實上，克里克當時只把DNA當作業餘興趣。韋爾金斯倒是同意了。於是幾週之後，華生搭火車前往倫敦，看到富蘭克林展示新近拍攝的照片，那是她在秋天所拍，使用性能較好的X射線儀器，樣本的製備過程也比較小心仔細。她運用飽和鹽溶液，使DNA樣本在儀器內的溼度維持恆定，而這讓她拍到處於潮溼、「介晶」狀態的DNA，也就是後來熟知的「B型」。翻看富蘭克林的筆記，顯示她曾想過至少有一型是螺旋構造，她寫道：「使人想到一個螺旋結構。」

在討論會中，她也提到關於較乾燥的、結晶狀態「A型」構造的一個重要事實：根據X射線繞射圖，她可以計算出這種晶體屬於哪一種「空間群」，換句話說就是哪一種旋轉對稱方式。這種晶體屬於C_2，或稱「面心單斜」，根據的是十九世紀科學家將晶體區分出來的二百三十個類別。假使克里克當時聽到她的報告，肯定會改寫歷史，至少他後來是這麼說的。單斜物體具有一個二重對稱軸，也就是旋轉一百八十度之後，看起來像是沒有旋轉過、與原先一模一樣；將兩枝鉛筆以相反方向並排綁在一起，就會形成單斜物體，而兩枝鉛筆以相同方向並排則沒有這種性質。至於「面心」性質，這會讓克里克知道對稱軸應該垂直於DNA纖維走向，而非與之平行。此外，富蘭克林也收集到關於尺寸的足夠資訊，得以預測對稱軸會穿過單一分子，而非穿過許多分子構成的一個晶體，由此克里克便可建構出「雙股」的DNA模型，而且兩股的走向彼此相反。克里克恐怕是可以立刻看出這個結論的唯一一人，他研究的胰蛋白酶抑制劑（與胰蛋白酶結合時）會結晶成面心單斜晶體，牛血紅素也是如此。可以這麼說，那年秋天，克里克連吃飯呼吸都離不開他獨創的螺旋繞射理論。

然而，克里克並沒有參加那次討論會。偏偏在隔天早上，他也搭火車從劍橋前往倫敦，但最後目的地是牛津，去和霍奇金夫人討論他最引以為傲的螺旋理論。華生在倫敦的帕丁頓火車站與他會合，在火車上，克里克開始向華生「質問」國王學院的討論會內容，以及富蘭克林新拍的照片。華生沒有做筆記，再加上他接觸結晶學只不過是近一個多月的事，因此記錯了好幾個關鍵事實，特別是DNA纖維的含水量；至於空間群，華生根本連提都沒提到。不過他總算記得一些重要的尺寸資訊，於是克里克拿了一張紙，在背後開始塗塗寫寫，等到火車行近牛津，他已做出一些判斷，認為只有少數幾種排列方式同時符合富蘭克林的X射線圖和他自己的螺旋理論。他心想，他們應該學習鮑林的方法，為DNA做出實體模型。根據華生的描述，那一整天在牛津，克里克逢人便說他們對DNA結構有了一個想法。與老友克萊瑟爾共進午餐之後，他們衝進牛津大學的布萊克威爾書店，找到一本鮑林寫的教科書，開始研究化學鍵的一些相關數據。

星期一早上回到劍橋後，他們向肯祖魯借來原子和化學鍵的金屬製模型，著手拼湊；為了模擬巨大的磷原子，他們得臨時在碳原子外面纏繞一堆金屬線。中午匆匆在老鷹酒吧吃過醋栗派，兩人又趕回去做模型，到了傍晚、還沒回「綠門」家中吃晚餐之前，他們已組裝出一個三股模型，含磷的糖分子骨幹位於內側，而一個個鹼基伸向外側。為什麼是三股長鏈呢？因為由晶體的密度數值看來，每個分子應該包含二到三條長鏈。磷酸鹽骨幹為什麼位在內側呢？因為華生記得富蘭克林說每個單位晶胞只含八個水分子，因此磷酸鹽帶有的負電荷（這是由DNA的酸性得知）必須與帶正電荷的金屬離子緊密結合，還有哪裡比內側更適合放金屬離子？華生大膽猜測，也許有迄今未知的鎂離子位於分子核心，將幾條長鏈結合在一起。這樣一來，大致符合尺寸數據的螺旋結構便出爐了。星期二，克里克致電韋爾金斯，隔天韋爾金斯立刻北上來看這個模型；另外有四個人隨他一起來，其中包括富蘭克林。聽說劍橋做出一個模型，國王學院籠罩著一片愁雲慘霧。

一行人抵達劍橋，聆聽克里克簡短報告他的螺旋繞射理論後，富蘭克林一眼就看出這個模型毫無價值。每個晶胞當然不只含八個水分子，她說的是每個晶格點有八個水分子，這一來水分子比原先多出二十四倍。富蘭克林是優秀的物理化學家，她知道每個金屬原子必須包圍著眾多水分子，絕不可能像眼前結構中的鎂離子那樣赤裸裸擺著。她也確定磷酸鹽骨幹必須位於外側，因為當環境變得潮溼，DNA纖維從結晶態（A型）轉變為介晶態（B型）時，必然是因為水分子讓DNA分子之間（而非分子內部）的鈉離子游離開來的結果。國王學院一行人幾乎沒有隱藏他們的輕蔑之意。等到眾人前往老鷹酒吧吃午餐，原本興高采烈的克里克大受打擊，葛思林回憶那天的情景時說，克里克和華生變得很萎靡，兩人一句話都沒說，這可是有記憶以來的頭一遭。

他們擅自闖入別人地盤，結果遭受到徹底的羞辱。過不久，韋爾金斯便寫信給克里克，很有禮貌地請他不要再碰DNA；小布拉格必然也和蘭德爾達成共識，同意叫克里克和華生完全不再過問DNA，並命令克里克回頭做自己的論文，連用來拼湊模型的零件都悉數交給國王學院，以表深切道歉之意。然而不管是富蘭克林也好，韋爾金斯也罷，他們才沒有那種閒工夫玩小孩子的積木遊戲，而國王學院只有佛雷瑟一個人對拼組模型有興趣，問題是佛雷瑟剛離開此地前往澳洲。不只如此，卡文迪西實驗室最近兩次嘗試建構模型，一次是小布拉格、比魯茲和肯祖魯，一次是克里克和華生，結果兩次都徹底失敗，這讓富蘭克林深深相信，用試誤法來研究晶體學已經完全過時，純粹的數學歸納法才是正途。

一九五二年初，韋爾金斯試圖提振鬱悶的心情，遠行到慕尼黑探望德國籍女友，然後前往瑞士伯恩取得更多「賽納DNA」，再回到拿不勒斯收集更多的鯡魚精子。從茵斯布魯克乘坐火車前往蘇黎世途中，他寫信給克里克：

富蘭克林經常大吼大叫，但她沒能咬到我。我不會提起你們和我們之間那些不恰當的「事情」，但渴望再次與你討論我們最近所有的想法與成果……我發現你的好幾項建議是很有價值的，但根據許多理由可以相當肯定地說，磷酸鹽必定位於外側。我希望小布拉格不吼不叫也不咬人。

他在信紙邊緣畫了一張圖，顯示最近用鯡魚精子做出較好的X射線繞射圖樣。這張圖顯現一個由許多層線條組成的X形圖樣，與富蘭克林手上拍得最好的B型照片非常相似。它大叫著「我是螺旋」。只可惜克里克不再做DNA了。

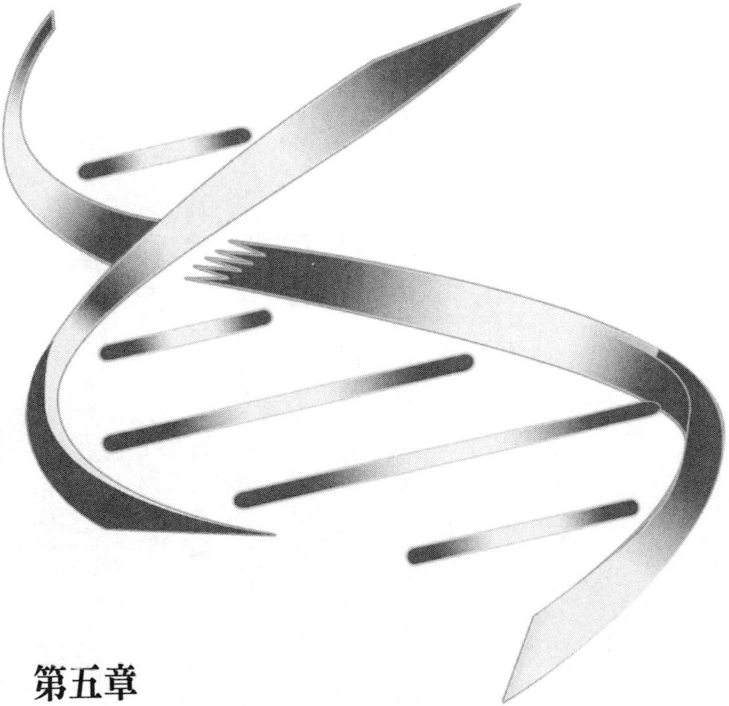

第五章

勝利

一九五二年伊始，富蘭克林接收了學生葛思林，兩人獨占「ＤＮＡ結構」這個主題，展開有效率的研究工作。而韋爾金斯、克里克和華生則似乎各奔前程。其他也做Ｘ射線的實驗室並沒有參與這場競賽。阿斯特伯里和霍奇金夫人做的是其他主題，而在柏貝克學院，伯納的實驗室只有佛柏格一個人在做ＤＮＡ，他的研究做得非常出色，發現鹼基分子的平面會垂直於糖分子的平面，並嘗試建構單一股的螺旋模型，不過他回挪威去了。只有遠在美國加州的鮑林仍試圖猜測結構，但他拿不到Ｘ射線資料；鮑林曾請求蘭德爾將韋爾金斯的照片寄給他，但蘭德爾拒絕這冒昧的要求。一九五二年五月，鮑林想要去倫敦參加一場蛋白質的會議（他一定會趁機拜訪國王學院），然而他那直言不諱的「反核和平主義者」名聲在外，美國國務院受到當時參議員麥考錫施壓，撤銷了鮑林的護照。

沒錯，還有其他生化學家也在研究ＤＮＡ的化學性質。在劍橋的另一頭，生化學家托德已找出糖分子和磷酸鹽的連結方式，每一個磷酸鹽會與上一個糖分子的第三號碳原子連接，並與下一個糖分子的五號碳原子連接，這種三—五—三—五……的模式會使ＤＮＡ的骨架具有方向性，可以是三號端朝上，或者五號端朝上。研究ＤＮＡ最突出的生化學家是哥倫比亞大學的查加夫，他從奧地利移民到美國，個性相當自負；他發現含氮鹼基具有一個奇怪的性質，雖然不同物種身上每一種鹼基占的比例各不相同，但通常維持一種巧妙的平衡：腺嘌呤的數量等於胸腺嘧啶，胞嘧啶的數量也等於鳥嘌呤。然而，查加夫對這個比例關係的涵義毫無概念。

查加夫在一九五二年五月的最後一週來到劍橋，在彼得學院用過午餐後，肯祖魯邀請克里克和華生與查加夫見面。這場會面真是個大災難。對於個性莊重、博學的查加夫來說，「不成熟的」華生已經夠糟了，而熱情洋溢的克里克更是徹底令他討厭：「看上去很像過氣的賽馬情報探子；或像畫家霍加斯筆下的人物（他是指《浪子的生涯》系列畫作）；不然就是諷刺畫家克魯克香克或杜米埃；用假音說個不停，連串混亂的無聊囈語，偶爾冒出幾句正經話。」很顯然的，克里克根本不會區分胸腺嘧啶和胞嘧啶，更別提有沒有聽過查加夫的鹼基比例了。對此，查加夫只留下「典型的英國知識份子氛圍，做得少說得多」的印象。等整件事塵埃落定之後，查加夫痛苦地發現自己距離解開鹼基配對之謎竟如此接近，於是他開始頑固地批評分子生物學的種種：「在我們的時代，這般侏儒竟投射出如此巨大的影子，徒然顯示天色有多晚了。」

但是對克里克來說，查加夫的鹼基比例猶如晴天霹靂，因為他又擅自闖回DNA領域後，一直思考若鹼基真的位在螺旋內側，究竟該如何配對？他曾想像一個個鹼基彼此堆疊，以某種方式表現訊息，而且這種訊息透過某些方式可以複製。在他的想像中是同類和同類配對，於是一組組鹼基排成的序列便可直接複製。克里克曾在酒吧裡和葛力菲斯討論這件事，葛力菲斯是年輕的數學家，正準備轉行成為生化學家，於是他跑去研究這些鹼基，帶回來的結果是腺嘌呤應該會與胸腺嘧啶互相吸引，而胞嘧啶該要搭配鳥嘌呤。克里克心想，太好了，所謂的複製可以是互補的，也就是複製一條訊息可以得出另一條，這一條再複製就回到原來的訊息：A複製出B，B再複製出A，正如拍照的負底片，或如鑰匙與鎖的關係。

正因如此，當克里克聽聞查加夫比例時（腺嘌呤等於胸腺嘧啶，胞嘧啶等於鳥嘌呤），他連忙衝去確認，結果真的符合葛力菲斯提出的配對關係。七月底整整一個星期，正當華生遠赴巴黎參加一個會議時，克里克甚至親手做了一個實驗，想看看能否在溶液中偵測到鹼基的配對關係；他的想法是這樣的：如果鹼基配對在一起，它們吸收的紫外線必然較少。然而實驗失敗了（因為效應太弱，根本偵測不到），他又回頭去做自己的蛋白質研究。其實葛力菲斯的猜測是正確的，卻基於完全錯誤的理由，他和克里克以為所謂鹼基的配對是彼此重疊、側邊對側邊，而實際上是末端對末端，像骨牌一樣。但無論如何，克里克的腦中已經產生「一整排鹼基透過如同負底片的序列複製而成」的想法了。

那年夏天，克里克與富蘭克林第二次碰到面，當時富蘭克林來動物系參加一場會議。兩人一同排隊等著喝茶，富蘭克林對克里克說，她現在認為DNA的A型完全不是螺旋構造，有一張X射線照片的圖樣並不對稱，螺旋的上行部分較強、下斜部分較弱。她似乎開始認為，較乾燥的A型是較溼潤的B型鬆開而形成，就像鮑林發現蛋白質的α螺旋會鬆開來，形成所謂的β平板構造。這讓她於七月十八日宣布「DNA螺旋（結晶態）的死訊」，還寫了一張充滿嘲弄意味的訃文，收件地址很像是要寄給韋爾金斯，韋爾金斯也心不甘情不願接受她的結論。而在八月，站在等待喝茶的行列中，克里克並沒有接受這個結論。如同以往還沒準備好讓一項資訊毀掉一個好的理論，他認為那張不對稱的照片造成誤導，那可能是每個晶體內總有些許DNA分子略微排列歪斜所致，與每個分子的結構無關。從最後的結果看來，克里克的直覺是對的。不過到了這時，富蘭克林已經改用圓柱式的帕特孫疊加法來分析A型結構，這種方法既緩慢又痛苦，需要好幾個月才能計算完成，而她向來認為應該讓事實說話，不願做無謂的猜測。

一九五二年秋天，克里克搬到新家，地址是葡萄牙街十九號。這間房子是叔叔亞瑟出錢買的，這位叔叔是成功的製藥商，當年克里克在倫敦大學學院就讀研究所的學費也是由他資助。這間房子是雙拼之一，蓋得又高又窄，位於安靜的人行街道區，距離橋街轉角處十二世紀的圓頂教堂不太遠，隔鄰處又有一間現代酒吧，叫做「五月節花柱」。走到前門要爬上很陡的五層台階，三個木作的裝飾凸窗一層層樓往上疊。加上閣樓和地下室，這間房子共有五層樓，不過每層樓都非常非常窄。自從一九五一年七月生了女兒嘉貝麗後，克里克的長子麥克一直與祖母安妮同住，這時安妮也把北漢普頓的房子賣掉，搬到劍橋西郊的紐恩罕，在巴頓路買了一棟大房子，她自己住在一樓，其他兩層樓出租為公寓。安妮和姊姊伊索一起為麥克出學費，選了鄧赫斯特寄宿學校，這是著名的比戴爾斯學校的初中部。

搬到新家後，家庭生活增添較多的朋友交誼。華生經常到家裡來吃飯，特別是星期日跑來尋求建議，看要如何為尚不存在的愛情生活發動攻勢。奧蒂兒尚未生寶寶前曾在技術學院（現稱英吉利工藝大學）開設服裝史課程，此時家裡自然而然聚集了一些自由不羈的藝術家朋友；克里克則從凱斯學院帶回一些學者，他有凱斯學院的用餐權。克里克有時會穿著色彩鮮豔的背心，在劍橋顯得相當時髦，也因這樣的外表惹出麻煩。要知道，這在學術界是很不尋常的，沒有太多學界人士會訂閱《時尚》雜誌。

確實，克里克在歷代偉大科學家的行列中顯得非常特出，因為他既不古怪，也不沉默、害羞或執迷，反倒非常合群而外向。

等到那年秋天，克里克提出「盤繞的螺旋」反將鮑林一軍後，如同華生所說：「無論是劍橋內或劍橋外，愈來愈多人開始接受克里克是真正的優秀人才。雖然仍有少數人抱持異議，認為他不過是一台會笑會說話的機器，但無可否認的，他就是能夠看穿問題、直指答案。」於是，克里克突然接獲美國布魯克林理工學院的邀約，請他隔年找個時間去紐約一年，而且年薪是令人心動的六千美元；結晶學家哈克在那裡帶領一個小組，用X射線研究蛋白質，而他聽說克里克是好手中的好手。克里克接受邀約，開始申請美國簽證。

同一時候，有兩個美國人成為華生和克里克的同事，進駐他們在卡文迪西實驗室共用的大房間。其中一人是唐納休，以前是鮑林的學生；另一人是彼得・鮑林，鮑林的兒子，但他不像父親那樣認真，對劍橋的各種思想不大有興趣，反倒想在劍橋的女孩之中有所斬獲。耶誕節前一週，彼得・鮑林宣布自己父親捎來一信，表示已利用建構模型的方式解出DNA結構，並送出一篇論文準備發表。克里克大吃一驚，惡夢終於成真了。在暫停研究這一年，DNA由國王學院壟斷獨占，成果卻很少，讓鮑林有機會迎頭趕上。也許鮑林又要痛擊他們一次了。彼得寫信對父親說，一年多來，克里克一直拿「鮑林怪物」來恐嚇國王學院，希望他們有所行動。這下子怪物真的來了。

結果直到一九五三年一月二十八日，卡文迪西才收到鮑林寄來的論文打字稿；彼得和小布拉格各收到一份。華生和克里克迫不急待瀏覽彼得手上那份，結果把絕望的心情踢到一邊，希望再度降臨。鮑林推測的結構十分怪異，而且與他們在一年多前建構的那個結構頗為相似，都包含三股長鏈彼此纏繞，鹼基也是以水平方向朝外伸出；當時他們為了解決纏繞很緊的問題，不是用水分子，反倒想像內部有鎂離子，可是鮑林顯然錯得更離譜，他讓三股長鏈纏繞得更緊，而且讓不帶離子的磷酸鹽之間以氫鍵連結在一起。這在化學上根本行不通，會使去氧核糖核酸（DNA）變成不是酸。

兩天後，華生跑去國王學院，上演了一齣如今成為傳奇的戲碼：他拿鮑林的打字稿給富蘭克林看，把她給惹火了，華生很怕富蘭克林會打他；韋爾金斯出手相救，把華生拉到另一個房間去；韋爾金斯拿了一張近乎完美的B型DNA照片給華生看，是富蘭克林和葛思林在前一年五月拍攝的，讓華生看了呆立原地。韋爾金斯會有那張照片，是因為當時富蘭克林準備離開國王學院去柏貝克學院，於是把所有照片、研究計畫，連同葛思林，全部交還給韋爾金斯。

華生連忙衝回劍橋，也帶回「DNA清楚無誤是螺旋形式」的消息；其實克里克應該早在一年前就看出這個結果，當時韋爾金斯在奧地利火車上寫的信便畫了圖給他。不過華生這次還帶回另一個消息，可能是在上演那齣戲當天，與韋爾金斯吃晚餐時聽來的，肯定不是瞄一眼照片便能得知。照片的頂部與底部各有一道非常深濃的污跡，剛好位於第十層線條的地方，這表示每一個螺旋轉一圈會包含十個核苷酸，也就是十個磷酸鹽、十個糖分子、十個鹼基。而既然兩個核苷酸之間的距離是三點四埃，則B型螺旋的「螺距」就不是先前以為的二十七埃，而是三十四埃。

值此之時，只有華生一個人持續往國王學院跑，而且整個一九五二年他都與韋爾金斯持續有聯絡。在這段期間，克里克曾有一次與韋爾金斯相約午餐，本來想討論鹼基配對的問題，結果壓根忘了提。這時也只有華生一個人跑去找小布拉格，要求機械工場幫他們製造模型零件，以便重新開始摸索DNA結構。小布拉格知道這事的意思：暫停時間結束了。既然國王學院已無法抵擋「怪物」（鮑林），就該讓華生和克里克脫韁竄出。於是，華生於二月的第一週開始組裝兩股DNA的模型，他無視於克里克的質疑，堅持應該有兩股長鏈。他已看出克里克尚未參透的事：B型會縮水成A型，清楚顯示長鏈一定是有兩股，而非三股；此外華生也說，生物方面的東西一定是兩兩成對。不過剛開始，華生堅持將磷酸鹽骨架放在內側，可是做了一陣子不停抱怨這樣不可行，克里克便問他，為何不將磷酸鹽骨架放在外側？華生回答，那樣未免太容易了一點。克里克說，於是他有更多的理由試驗DNA結構，還假裝埋首於自己的研究。

二月八日星期日，韋爾金斯來到葡萄牙路克里克家中吃午餐，彼得·鮑林和華生也在座。整個用餐時間，他們費盡心力想說服韋爾金斯趕快開始建構模型，但韋爾金斯說，他必須等富蘭克林於三月離開後才會動手。於是在下午某時，克里克挑明了問道：「那麼，你介不介意我們先動手？」事實上他們已經起跑了。接下來是一陣漫長的沉默，可憐而為難的韋爾金斯發現，他能重新掌控DNA的機會已然溜走。他發現這實在「糟透了」。但他還是表示同意。

幾天後，克里克從比魯茲手上拿到一份簡短報告，那是國王學院於前一年十二月所寫，提交給英國醫學研究委員會。這件事過了十餘年後，相關爭議依然鬧得沸沸揚揚，比魯茲、小布拉格和蘭德爾爭論著比魯茲是否違反了彼此間的信任。比魯茲力陳這份報告並沒有標示「機密」字樣，當然可以在英國醫學研究委員會內部流傳；蘭德爾則堅持，無論如何那份報告應該不能公開。這份報告對克里克至關重要，但他從中得知的事情其實早已在公開會議上公布過，只是他碰巧沒有在場，特別是一九五一年那場討論會。報告中有以下句子，是由富蘭克林所寫：「顯然結晶型（A型）基本上具有面心單斜的單位晶胞，而且C軸與纖維走向平行。」接下來她估計了單位晶胞的大小。克里克立刻從中得知（如同一九五一年十一月的討論會能讓他知道的）兩股長鏈是反向而行，因為這樣會是單斜構造，即物體以正確方向旋轉一百八十度後，看起來與沒有旋轉前一模一樣。「這是關鍵的事實，」後來克里克對作家賈德森[1]這樣說，「此外，單位晶胞的大小也在委員會的報告內可看到，證實了這種二重對稱性必須垂直於分子的長度方向，也顯示複製作用事實上存在於單一分子內部。」

這時候輪到克里克開始想像了。如果兩條長鏈同方向而行，則每個螺旋只要走半圈就會重複出現同樣的結構，但若兩條長鏈反向而行（即一條是從糖分子的第三號原子走到第五號原子，另一條從第五號走到第三號），則每個螺旋要走一整圈才會重複出現同樣結構。也因此，十個核苷酸可以順利放進旋轉三百六十度的空間內，如果是一百八十度就很擠；而且兩個相鄰糖分子之間的夾角也可以是三十六度，而非十八度。華生有可能無法想出這一點，也可能還沒有想到，於是在華生忙著打網球的一個

1 賈德森著有《創世第八天》，是描述分子生物學開創過程的經典巨著。

下午，克里克自行重新建構出一個模型，並留下字條寫著：「就是這個——三十六度的旋轉。」這已經很接近「我發現了！」的時刻，而這個時刻完完全全屬於克里克一個人。

還有另一個「我發現了！」的時刻即將到來，而那完完全全屬於華生一個人。克里克和華生還不知道鹼基要如何塞進結構之內。華生已漸漸明瞭鹼基之間會產生氫鍵，而且彼此是端點與端點連接，很像骨牌的排法。克里克沒意識到這點，主要是他以為鹼基的原子配置會在不同的互變異構物之間隨意變換，而他認為這樣不穩定的結構無法產生氫鍵。他在一個很基本的化學知識上犯了錯誤：互變異構物確實具有不同的原子配置，但二者都是很穩定的化合物。而華生似乎沒有陷入這個問題，他興奮地嚷嚷「同類和同類配對」的想法，也就是一條長鏈的腺嘌呤會與另一條長鏈的腺嘌呤配對。這時，唐納修從座位上抬起頭來，他說華生對鹼基所想的互變異構物是烯醇組態，但這是過時的想法，且比較不適合（確實是錯的），應該是酮型組態才對。華生聽了，等不及找機械工場製作新的酮型鹼基零件，連忙用紙版畫好剪下來。他於二月二十七日星期五傍晚做好模型，然後回家去。

星期六，二月二十八日，那天是個美好的春日，康河沿岸的黃水仙正熱烈綻放。

華生比所有人都早到，開始把玩他的紙板鹼基。過沒多久，他突然發現一件事，這件事只要發現了就不會再視而不見。腺嘌呤若和胸腺嘧啶配對，彼此之間的距離等於氫鍵的長度，而且形狀恰與胞嘧啶和鳥嘌呤配對時一模一樣。兩種鹼基配對的形狀完全相同，也就可以放進螺旋核心裡的任何位置了。

華生還在努力研究時，唐納修也到了。克里克則是早上過了一半才閒閒走進來，華生很緊張地給他看這兩種鹼基配對。克里克即刻看出他們必然是對的，基於兩個理由：第一，這樣可以解釋加莫夫的鹼基比例；第二，這樣擁有正確的對稱性，每個鹼基與骨幹的鍵結角度是九十度，與之配對的鹼基亦然。有這樣的對稱性，表示配對中的每個鹼基只要上下顛倒翻轉，就可成為另一股長鏈的鹼基，並使另一條長鏈的走向與原本這條完全相反。再一次，克里克那看穿問題的著名能力再度發威。所有東西都已就位，而且不像蛋白質的α螺旋純粹只是一種結構，眼前的構造顯示出自然界生命的重要深層意義。其中隱含了一套密碼，可具備無限的可能性，任一股長鏈上的鹼基都可排列成任何順序，而根據鹼基配對的原則，寫在一股長鏈上的任何訊息，必定在與之互補的另一股長鏈上保有訊息的備份；只要打斷氫鍵，這兩股長鏈便可拆散，然後複製彼此攜帶的訊息。「遺傳現象」正是以這樣的結構清楚顯示出來。

他們前去老鷹酒吧吃午餐，而根據華生的說法，喝了一大杯苦啤酒後，克里克向在場願意聆聽的所有人大聲宣布，他們已經發現生命的祕密。克里克後來不記得這件事，倒是記得當天晚上曾對奧蒂兒說，他們做出一個重大的發現，而她根本沒注意到：「他老是那樣說啊。」然而即使克里克這麼有信心，華生還是覺得很不安；隨後幾個星期，華生一直很害怕他們又弄錯了，克里克則是一點懷疑的陰影也無，完全相信自己是對的。「吉姆（華生）對這個結構表現得如此緊張實在很有趣。他不喜歡我向別人解釋那個模型。」

到了這時，克里克一整天做的事便是向別人解釋，比魯茲、肯祖魯、小布拉格、生化學家托德、好幾位物理學家和其他人都急於來看模型。等到機械工場用鍍鋅金屬片做成平板、細銅管做成化學鍵，組合出鹼基的模樣，克里克便小心謹慎地重建模型，用鉛錘和直尺量來測去（「吉姆（華生）不太擅長做這種事」），收尾，筋疲力竭，完工於三月七日星期六……然後回家倒頭就睡。那模型有好幾英尺高，立在他們房間一張桌上，正中央有一枝直立的支撐物，每一片平面的鹼基分子都固定在支撐物上，笨拙地用夾子夾住，各歸其位。同樣於那一天，在不知情的狀況下，韋爾金斯寫了一封信給克里克：「我們的黑暗女郎下週要離開我們了……桌面終於清理乾淨，我們可以傾全力開始做實驗。不會拖太久了。」打電話通知韋爾金斯的人是肯祖魯。韋爾金斯於三月十二日抵達，心情變得很差。他立刻看出這個模型太完美了，不可能是錯的，但是他面對兩位好友做出這個成果，時間恰恰就在自己著手建立模型的同一週，他並沒有掩飾內心的痛苦與失望。兩位好友建議在論文上讓他掛名為共同作者，這必然立刻成為生物學有史以來最著名的一篇論文，而他拒絕了。

最後是小布拉格、蘭德爾和《自然》期刊的編輯達成協議，讓三篇論文同時刊出：一篇是華生和克里克的（兩人的排序由擲銅板決定），一篇由韋爾金斯、史多克斯和威爾生執筆，另一篇的作者則是富蘭克林和葛思林。華生和克里克的論文由克里克起草，華生的妹妹貝蒂負責打字，當時貝蒂也住在劍橋；最後再加上插圖，顯示一對互相纏繞的緞帶，中間以細棒連接起來，這是由奧蒂兒畫的。韋爾金斯回到倫敦後，三月十八日接到論文草稿，這時他已夠冷靜，寫信給他們說：「我認為你們是一對流氓，不過你們確實做出了一點東西。」後來他又補上一張卡片：「可否請你們刪掉這個句子『已知還有不少尚未發表的實驗內容』。（這讀起來有點諷刺）」這篇論文於四月二日寄給《自然》期刊。

富蘭克林第一次看到模型的時間並不十分清楚，總之她於三月十七日著手草擬論文，那是在三月十四日星期六搬到柏貝克學院之後。她曾於四月十日寫信給克里克，詢問可否於隔週二的四月十四日帶葛思林去看模型，那很可能也是她第一次看到。富蘭克林立刻就看出，無論在哪一方面，她費心費力計算出來的帕特孫分析結果都能確認這個模型。帕特孫分析證實磷酸鹽和糖分子骨架位於外側，而且包含兩股長鏈；富蘭克林論文裡也有她拍的那張著名照片，華生瞄過那張照片，克里克則是完全沒看過，而那張照片完全能夠確認是C_2空間群，只消看第四層的地方沒有任何斑點就知道了（因為有干擾而抵消掉）。這讓克里克知道（他那透視般的直覺再度派上用場），兩條長鏈無法在垂直方向劃一刀一分為二，在每一段旋轉週期中，兩者之間的間隔有八分之三屬於其中一股、八分之五屬於另一股。「有了她的數據，我們做出更好的模型。」

到了這階段，連華生的不安也漸漸平息。他希望遺傳方面的意涵能夠完全沒有疑義，最後以那令人費解的著名句子做了結論：「我們所假定的特定配對方式沒有逃過我們的注意，立刻便暗示了遺傳物質可能具有的一種複製機制。」此時此刻，有了富蘭克林的證明在手，他們又寫了立論較為清楚的第二篇論文，進一步談到DNA結構所具有的遺傳意涵。一般推測第二篇論文是克里克寫的，但現存的手稿是在華生手上，克里克在上面加入一些圖片說明和幾個句子。這或許可說明為何第二篇論文仍未討論 C_2 對稱性，因為這是克里克所仰仗的，但華生並沒有完全弄懂。

五月一日，華生在哈帝俱樂部一場演講談雙螺旋；哈帝俱樂部是一個非正式團體，位於劍橋，成員是一些志趣相投的生物學家和物理學家。華生喝了太多彼得學院的美酒，讓他在演講最後卸除心防，喃喃說道：「這真是太美了，你們也看得出來，太美了。」五月二十一日，一名有志從事記者工作的大學生跑來擔任自由攝影師，他叫巴靈頓布朗，要為這兩名年輕人和他們的金屬模型拍攝照片，以後可能用來搭配《時代》雜誌的一篇文章。巴靈頓布朗以前是化學系學生，他發現眼前的兩個人天性快活不羈，為了拍攝正式的照片，只好請兩人根據他的要求擺姿勢。巴靈頓布朗要求兩人站在模型旁，做出自命不凡的表情，而他們「很可惜做不出來，讓我的努力有點可笑。」最後他說服克里克站在一張凳子上，用一把計算尺指著模型的某個特點，而華生穿著奧蒂兒為此場合替他挑選的新外套，從另一側望著模型。《時代》雜誌從未刊出這批照片，只付了半個基尼（英國舊制金幣）的酬勞給巴靈頓布朗。不過，其中一張照片如今成為科學史上最著名的照片之一。

這是歷史上很重要的一個春天，人類首登埃佛勒斯峰，伊莉莎白二世加冕登基，史達林結束一生，《花花公子》雜誌誕生。而最重大的事件，即解開生命的謎團，幾乎沒有激起什麼漣漪。小布拉格在索爾維會議宣布這項消息，這次會議於四月八日在比利時召開，討論的主題為蛋白質。他也在五月十四日於倫敦一項會議提及，這次終於引起《新聞記事報》記者卡德的注意，隔天報紙上出現這樣的標題：「你之所以為你：更接近生命的祕密」。卡德的文章做出如此結論：「發現這些化學撲克牌如何洗牌、配對之後，科學家在未來五十年內有得忙了。」隔天，這個消息也傳到《紐約時報》早報讀者手上，下了這樣令人費解的標題：「初步看出細胞內的『生命單元』形式」，但到了晚報，這則新聞就拿掉了。六月一個週日，報紙上又出現一則簡短新聞，有一段克里克的簡單談話。除此之外，再也沒有其他報導了。

五月底，華生啟程前往美國，隨身帶著一個由技術員布洛德新做的雙螺旋模型，連同一篇他即將於六月在冷泉港實驗室宣讀的論文；在此之前，他和克里克尚未獲邀於研討會報告生命的祕密，這是第一次。同時，鮑林以個人名義邀請克里克，希望他能於九月參加一個在加州舉辦的研討會，「在會中講得儘可能詳細」，結果這是華生和彼得．鮑林的惡作劇；克里克不以為意，奧蒂兒則不這麼想，而鮑林把彼得的零用錢砍了五英鎊。一開始鮑林對雙螺旋的反應很謹慎，甚至有點不確信。他曾於三月寫信給克里克，說他認為那結構「很好，如今核酸有兩個可能的結構了，我很期待知道最後會判定哪一個是對的。」但是等到四月看過模型後，他立刻就知道答案是什麼了。

「如果華生早就被一顆網球砸死，」克里克於二十一年後寫道，「我很清楚知道，我不會自己一人解出這個結構，但誰會呢？」這個問題至今懸而未決。在當時，克里克認為鮑林會解出DNA的結構，但鮑林沒有及時重新思考他的模型。而韋爾金斯有葛思林之助，正準備於三月開始建構模型，他很可能需要（也會尋求）克里克的協助才能看出兩條長鏈是反向而行的，但他絕對能自行發現鹼基配對的原則。因為華生的急性子而受到命運捉弄、成為最大受害者的人，不是富蘭克林，而是韋爾金斯。化學家克魯格爵士曾經仔細研究富蘭克林的實驗筆記，可以相當肯定地說，她於一九五三年初幾乎同時考慮到反向雙鏈與鹼基配對，然而兩者她都沒有繼續深究。接著她於三月十四日前往柏貝克學院，而蘭德爾明白地請她將DNA留在國王學院。其實她沒有完全遵守約定，因為她繼續指導葛思林完成論文，也寫了關於A型的論文，就是這篇文章確認了雙螺旋與鹼基之間的夾角。無論如何，她在三月十七日所寫的論文手稿，應該就是她在DNA領域的最後數語，雖然還差關鍵的兩步才能得到答案。富蘭克林的悲劇並不是因為她幾乎得到答案，而是她應該早在一年前就得到答案。如同生物學家史坦特所說，關於克里克那個網球問題，答案很可能是DNA結構會由好幾個人合力解開。

雙螺旋故事的背後有許多該成功而未成功的人。每個參與者各有理由，有的人因為犯了錯而悔恨不已，有人則是錯失良機。蘭德爾在韋爾金斯和富蘭克林之間引發嚴重誤解，使他們無法像華生和克里克那樣合作無間。韋爾金斯應該要早一點開始建構模型。富蘭克林應該要學習更多的結晶學分析法，或者與別人分享她的想法。華生應該要學著記筆記。鮑林應該要更注意基礎化學知識（或者少讓美國政府以不合理的方式對待他）。而克里克應該試著對富蘭克林友善一點；後來他們成為好朋友。就連這齣戲的其他配角也應該多督促自己一點，例如挪威的佛柏格和劍橋的費瑟都太早放棄建構模型，阿斯特伯里、伯納和查加夫實在沒想到這結構竟有如此大的意義，所以他們壓根沒試著建構模型。不過他們每一個人都做出非常寶貴的貢獻，就某方面來說，克里克和華生只是夠幸運，能把拱門正中央的拱心石放入定位、幫別人玩的填字遊戲答出最後一個問題。不過，正如克里克所寫：「確實靠著別人犯錯，我們矇到了黃金，但事實仍是我們一直在找黃金。」

到了晚年，克里克堅持無論雙螺旋的發現經過為何，重點並不是由誰發現的：

與其相信是華生和克里克塑造出DNA結構，我寧願強調是那個結構塑造出華生和克里克。畢竟，那時候的我幾乎全然沒沒無聞，而在多數圈子人們的心目中，華生太過聰明而不是很正常。但我認為，撇開那些爭議不看，你看到的是DNA雙螺旋本身之美。這個分子有其風格，一點都不輸科學家。

克里克曾對一位報社記者說（在夏威夷）：「不像飛機引擎需要有人發明，DNA結構一直存在。」就某方面來說，科學上的發現者不像藝術家，沒有必然是誰不可。如果牛頓、哥倫布、達爾文不是第一個發現重力、美洲、天擇說的人，也一定會有其他人發現；然而如果沒有莎士比亞寫出《哈姆雷特》、沒有達文西畫出《蒙娜麗莎》、沒有貝多芬寫出第九號交響曲，就沒有其他人創作得出來。不過，確實也因為那些科學家是發現的第一人，他們的成就才更為了不起。莎士比亞就不需搶在同時代劇作家馬洛之前，成為寫出《哈姆雷特》的第一人啊。

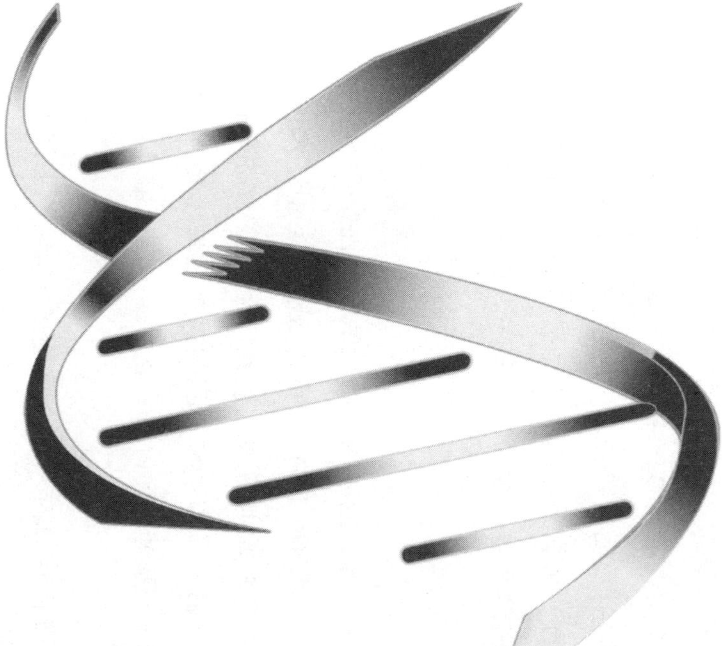

第六章

密碼

「我親愛的麥克，」一九五三年三月十七日，克里克寫信給住校的十二歲兒子，「吉姆・華生和我可能已做出一項最重要的發現。」他繼續寫道：

如今我們相信DNA是一種密碼。這是說，鹼基的排列順序（一個個字母）使一種基因不同於另一種基因（就像一頁印刷物不同於另一頁）。現在你就可看出大自然如何複製基因了，因為如果兩條長鏈拆開成兩條個別的長鏈，而且如果每條長鏈在自己身上做出另外那條長鏈，又因為A永遠與T配對，G與C配對，我們就可得到先前那兩條的副本。換句話說，我們認為自己發現了生命不斷繁衍的基本複製機制……你能了解我們有多興奮。

這是最早關於遺傳機制的文字描述，早於《自然》期刊的第二篇論文起草前，而且在每一方面都描述得很正確，其中諸如兩條長鏈如何拆開、鹼基是否可立刻配對，或者需要一些蛋白質的幫助才能達成等問題，科學家們都將花費很多年的時間才能解決。關於「半保留」複製方法的證明過了五年才出現，雙螺旋精確結構的確切證明也到一九七〇年代末期才告底定，但克里克給兒子的信已然確立了現今處於生物學核心的事實，這點直到一九五三年之前仍是大家意想不到的：存在一種數字般的密碼，而且可以自動複製。然而如同所有的新發現，它所引發的問題比能夠回答的問題還要多。這種密碼如何使用？這密碼要做什麼用？在克里克生命中，接下來的十三年主要圍繞著這些問題，而能回答這些問題便是他的勝利。可以說，雖然是雙螺旋塑造出克里克，但很大程度是克里克塑造出遺傳密碼。他制定出專有名詞、引導眾人討論，也猜出大部分答案；即使答案並沒有令眾人太過驚訝，但就很多方面來說，這是比雙螺旋更偉大的科學成就。

關於密碼的用途，大概很少人會提出異議：它必定是將DNA的鹼基序列轉譯成蛋白質的胺基酸序列。其實這僅是猜測，但很顯然是對的。蛋白質在身體裡負責做所有的工作，而它們也和DNA一樣，是由一些相似的單元物組合成未分枝的長鏈。一九四一年，美國遺傳學家畢多用麵包黴做了著名的實驗，顯示一個遺傳突變可改變一種特定的蛋白質。如同克里克所寫：「遺傳物質的主要功能是控制（不一定直接控制）蛋白質的合成……一旦確認了蛋白質扮演的角色如此重要而獨特，則基因是否用來做其他事就不太重要了。」一九五三年夏天，華生和克里克有一天在老鷹酒吧坐下來，寫下已知出現於蛋白質的標準胺基酸清單，小心剔除一些僅見於罕見蛋白質的稀有胺基酸，這些資訊是生化學家在過去幾年間發現的。結果他們得到二十種胺基酸。儘管他們只是業餘的生化學家，這張清單卻幾乎完全正確，真是小小的奇蹟。

麥克．克里克是第一個讀到遺傳密碼描述的人，這實在有點出乎意料。一九五〇年，當時麥克十歲，父親給他一本書叫《代號與密碼》，要他寫出一套克里克和克萊瑟爾都無法破解的密碼。麥克很快就設計出一套密碼，不僅讓未來英國最偉大的生物學家百思不得其解，也難倒了英國最優秀的數學哲學家之一；這套密碼包含了「簡併」性質，換句話說就是同一個字母可用好幾種不同方式編成密碼。日後證實遺傳密碼也具有簡併的特性。（後來麥克成為電腦軟體界的先驅人物，他的兒女法蘭西斯和康柏莉也繼承父業。）

克里克並沒有立刻著手研究遺傳密碼。首先，他得完成血紅素結構的博士論文；他曾考慮用DNA的論文取而代之，但是他和華生兩人對研究的貢獻無法清楚區分，最後只得將兩篇DNA論文放在後面當作附錄。克里克終於在七月拿到博士學位，研究成果不是生命的祕密，而是如下有點薄弱的結論：

這裡所呈現的血紅素研究包含理論和實驗結果，對未來的工作清理出一片坦途……無論如何，這個研究提供一個非常具體的假設：球蛋白絕大部分由一段段螺旋（可能是α螺旋）構成，彼此以不平行的方式組合在一起。

換句話說，蛋白質的結構非常複雜且不規則。

接著於八月二十二日，克里克帶著奧蒂兒、麥克和嘉貝麗登上「毛利塔尼亞號」，從英國南安普頓出發航向美國紐約，目的地是布魯克林理工學院，那裡提供一年的獎助金給他，準備進一步研究蛋白質。事後顯示，這是非常沮喪且寂寞的一次經歷。對核糖核酸酶進行X射線研究實在沒有挑戰性，也得不到太多成果。除了優秀的晶體學家麥格多夫幫助他發展出同型置換法的理論，以及魯札提（他是富蘭克林的好友），克里克在布魯克林理工學院找不到幾個志同道合的人。他和實驗室主持人哈克相處融洽，也很喜歡哈克的俄裔太太凱瑟琳，她是沙皇時代檢察官之女，然而他們不常談論科學界八卦傳聞。奧蒂兒更是特別失望，她從小到大對美國的印象就是好萊塢，卻發現布魯克林區漢米爾頓堡大道九五二四號第六一〇號公寓的生活「非常可怕」。像這樣身處紐約市外圍郊區，公寓內的燈罩有裝飾花邊，完全不是她喜歡的風格。而且她又懷孕了。只有麥克在這裡如魚得水，在布魯克林高中念了一年書。

最糟糕的是經濟狀況入不敷出。克里克的薪水每個月只有四百五十美元，房租就占了薪水的四分之一有餘，其他方面的支出也很驚人。這使他和華生的關係出現不小的摩擦，而且十二年後華生出版《雙螺旋》一書時，克里克的反應才會那麼激烈，即使後來的狀況大不相同。當時華生在加州理工學院，位處煙霧瀰漫的帕沙第納，那裡雖然有鮑林、戴爾布魯克和物理學家費曼，華生還是對生活感到很不滿意。兩人都很想念彼此對話的時光。那時候，英國廣播公司的第三聯播網（知識性的廣播頻道）邀請克里克去做一系列廣播節目，他們已意識到有重要的事情發生了。但是華生認為克里克不應該去，因為在廣播節目談DNA會像是很愛自誇；小布拉格也認為如果華生不同意，克里克就不該去做節目。克里克從布魯克林寫信給華生：「你仍然不同意去第三聯播網嗎？我還找不到任何人會說他們反對這件事，而現在事情的熱度有點冷掉了。此外，那會帶來五十到一百美元的收入，此時此刻我會用得上。」

華生從帕沙第納寄來的回信講得相當刺耳：

談到BBC。我仍覺得去上第三聯播網的節目很不妥。還有很多人認為我們偷竊數據……用金錢來衡量這件事（一百美元）似乎很不恰當。不過，如果你想自己出去宣揚，基本上受害最大的會是你。我最關心的是不要捲入爭議，如同我在劍橋時的憂慮。如果你真的那麼需要錢，就去吧。不用說，我對你的評價應該不會太高，也就有足夠的理由避免與你進一步合作。

過了幾週，克里克回信寫道：

由於你如此反對，我也不會讓ＢＢＣ在第三聯播網播出節目，雖然因為這件事，你的名字已和庸俗的克里克牽扯不清了。不過呢，我為《發現》雜誌寫了一篇文章作為「總編輯觀點」（當然，如果我不寫，會有其他人來寫，而那樣更糟），由我來寫似乎會比你寫的中肯扼要一點。加莫夫提及《科學美國人》也想要一篇文章，你覺得這個如何？你應該要了解，身為已婚男人又有兩個小孩（以上），對於錢，我沒有能力採取你那種超然的態度。我們住在這裡非常安靜，主要因為我們如此一文不名。

簡直像在傷口上灑鹽，那年夏天，華生為《時尚》雜誌擺姿勢拍照，文圖並茂地出現在「有才華的美國青年」專輯中。為了報復，克里克便為《科學美國人》寫了文章，最後也於一九五五年十一月和十二月兩度去上BBC的廣播節目。從現在看來，很難了解華生到底在反對什麼。如同當時BBC的大多數節目，那兩集也是知識性節目，略顯高人一等的調調（雙螺旋像是一道螺旋狀階梯，有一層層分離的階梯），而且非常小心地講述已知事實，不做太多猜測。

華生和克里克對BBC節目產生爭執，但這沒有阻止兩人繼續寫熱切的信給對方，信裡盡是八卦傳聞和科學方面的討論；他們這樣通信了許多年，直到漸漸疏懶，只剩下告知遠行計畫和隨便寫寫的明信片。（有張令人難忘的明信片是克里克於一九五七年寫給華生，上面只寫著：「你死了嗎？還是在談戀愛？法蘭西斯。」）在那些早期通信中，兩人之間有激烈的競爭氣氛，但也常互通有無；在這充滿渾渾噩噩呆瓜的世界裡，他們感到很孤獨。對於他們提出的DNA結構，後來克里克曾寫道，許多生化學家的反應「介於冷淡和無言的敵視之間」；而遺傳學家更是幾乎沒什麼人注意到。向全世界宣布了生命的祕密，卻收到如此少的回應，這結果實在令人困惑。

一九五四年二月，奧蒂兒沒有繼續待在布魯克林，她帶著女兒嘉貝麗回到家鄉待產，與母親一同住在金斯林鎮。次女賈桂琳於一九五四年三月十二日出生，奧蒂兒不理會克里克的建議（人在加州的華生也同聲附和），沒有用「腺嘌呤」為女兒命名。

這時，克里克和麥克搬到布魯克林高地一間公寓居住：「不便宜，但比較能提振我的士氣。」克里克在那裡待到七月，前往洛克斐勒研究院給了一系列關於DNA的演講，並拜訪查加夫，查加夫預言克里克關於遺傳的猜測全是錯的。接著克里克搬到麻州的伍茲赫爾，在那裡度過整個八月，與華生和物理學家伽莫夫碰面，共同對密碼問題發動首波出擊。

伽莫夫是個喝酒喝得很兇的俄國移民，也是物理學家，以他對宇宙大霹靂的新理論而著稱。他也寫了不少輕鬆易讀的科普書，包括當時新近出版的《湯普金探索生命知識》。一九五三年七月，伽莫夫讀過DNA的第二篇論文後寫信給華生和克里克，讓兩人非常意外；伽莫夫讀完論文，立刻看出這項發現的重要性：「每個生物都能用一長串數字描繪其特性，寫法是用四個數字的系統，以一、二、三、四來代表四個不同的鹼基。」此時，伽莫夫已占據破解密碼的核心位置，也拉來好幾位美國西岸聲譽隆崇的物理學家加入他的行列，像是在柏克萊，他與兩位諾貝爾獎得主卡爾文和麥克米倫共同設計出第一套密碼，然後又在帕沙第納與費曼設計出另一套，直到伽莫夫以他獨特的調調說：「迪克・發因曼（Dick Finemann）成功正明這套密馬無解。」（後來大家發現，伽莫夫即使用母語俄文，拼寫一樣錯誤百出。）接著，伽莫夫又和氫彈之父泰勒合作設計出第三套密碼。或許生化學家和生物學家沒有注意到雙螺旋，但是因為伽莫夫的關係，物理學家們肯定注意到了。

伽莫夫表現得這麼熱切，然而那年夏天八月在伍茲赫爾，他的想法沒有得到什麼成果，倒是華生搞了一場盛大的惡作劇，沒有事先告知，就以伽莫夫的名義邀請一大堆人，前去伽莫夫住的小屋參加一場「威士忌扭扭樂RNA派對」。克里克只消用上一個清楚的事實，就能推翻伽莫夫提出的所有密碼。（這一次，他準備讓一項資訊毀掉一個好理論。）在劍橋的生物化學系，桑格已讓胰島素的胺基酸序列逐漸浮現，這是一項非凡的成就，足以讓低調的桑格獲頒一生中兩座諾貝爾獎的第一座，而克里克與桑格交情甚篤，於是看過絕大部分的胰島素序列。從這個序列可看出，任一個胺基酸顯然可與任何一種胺基酸相連接，沒有種類的限制。至於伽莫夫，他的想法完全根植於雙螺旋溝槽內的「孔洞」形狀，顯示每三個鹼基為一組，而且相鄰兩組間有兩個鹼基是重疊共用的，這也就形成某種限制，使得一種胺基酸只能與特定的一些胺基酸相連。根據伽莫夫的想法，只有八種胺基酸可與至多七種胺基酸相連，然而單以胰島素來看，有十種胺基酸可與八種或更多種的胺基酸相連。

在伍茲赫爾，華生說服克里克和伽莫夫將注意力轉到RNA，這是另一種核酸，與DNA的差別在於每個糖分子多了一個氧原子。如果DNA不能直接指定蛋白質的結構，也許是透過RNA當作中間物。RNA不像DNA完全位在細胞核內，似乎在細胞內任何地方都有，怪的是又有各種不同大小。華生在一九五二年寫給戴爾布魯克的一封信中說，他預測RNA是在DNA和蛋白質之間居中工作。到了一九五三年，他開始研究RNA的結構，但一直無所獲。春日漫漫，有一天開車行經加州的高速公路，華生和生化學家歐加爾心念一動，決定找來對RNA有興趣的人們組成社團，後來由伽莫夫興沖沖負責召集。這個「RNA領帶俱樂部」預計招收二十名會員，每人都會收到一條領帶，上面飾有一個彎彎曲曲的RNA，並附上一個很特別的領帶夾，寫有二十個胺基酸之一的縮寫。俱樂部有一句格言「不做就死，否則別試」，還有數位幹部，包括「合成者」（伽莫夫）、「樂觀者」（華生）、「悲觀者」（克里克）。

一九五四年九月八日，克里克搭船離開紐約。他與奧蒂兒團聚，第一次見到小女兒賈桂琳，也在劍橋的葡萄牙街重拾家庭生活；之前住在金斯林鎮時，大女兒嘉貝麗向法國外婆學會一口流利的法文。克里克又在劍橋得到一份工作，不過只與英國醫學研究委員會簽了七年的合約。他能有這個機會，可能是因為小布拉格已轉而領導英國皇家研究院，而比魯茲希望克里克回來，繼續在蛋白質結構方面發揮所長。在此同時，克里克曾對愛丁堡大學的永久職位有點動心，他的好友、動物學家莫道赫・米奇森也才剛去，不過克里克比較希望待在劍橋，要他做什麼樣的工作都行。比魯茲有個學生叫布羅[1]，他還記得性格外向的克里克如旋風般回來的那一天：「第一個印象會覺得他滿討人厭的，因為他的工作方式是不停地大聲說話。」但不久後，布羅向克里克請教問題，他對於克里克極快掌握問題、提出解答的速度非常吃驚，因為那問題已讓他困擾了數星期之久；問題是這樣的：進行血紅素的同型置換法實驗時，如何讓電子密度圖上的錯誤降到最低？後來他們聯名發表論文，使蛋白質晶體學就此大大改變。

不過布羅也注意到，蛋白質不再能抓住克里克的注意力了，如今克里克念茲在茲的是基因，特別是密碼問題。離開美國之前，克里克前往新罕布夏州參加戈登研討會，給了一場關於DNA的演講。結束後開車南返的路上，他突然心生一念。稍後回到劍橋，他將那念頭寫下來，成為一篇語氣有點憂愁的論文，準備於一九五五年初寄給RNA領帶俱樂部。那個念頭看似平凡，後來證實所言不虛，彷若預言。那篇論文名為〈論簡併模板與轉接子假說〉。一開始克里克說，他想要用「白紙黑字的沉默檢視」來提出幾個想法。首先是要處理伽莫夫提出的所有密碼，把它們與胰島素和目前已知的其他序列做比較：「我終於開始做這些，並不是要舊話重提、白費力氣，而是想說明一些測試密碼最簡便的方法。你會很訝異於速度之快，只要稍微思考一下，就可以排除某項提案。與其用計算機器耗費好幾天時間，不如用腦袋好好想個幾分鐘！」

事實上，要說有任一種密碼是直接讀取ＤＮＡ，看起來似乎不太可能；有一些胺基酸具有疏水性的側鏈，而雙螺旋沒有任何地方能與這些側鏈接觸。倒是從連續幾個鹼基的一些組合方式看來，感覺上訴說著某種機制，依此可讓各個胺基酸選到正確的位置。於是克里克提出他的看法：必然有二十種不同的「轉接子」分子，每一種轉接子對應一種胺基酸；這些轉接子負責辨認出密碼的一部分，並把適當的胺基酸帶過來，使之連接到正在增長的蛋白質分子長鏈上。在這個階段，他還沒有明確指出轉接子必須是小型的核酸分子，例如ＲＮＡ，但他的確特別強調，鹼基之間的氫鍵很可能扮演重要角色。

自從有了轉接子假說之後，克里克已準備拋棄「純粹思考結構的途徑」。換句話說，儘管ＤＮＡ的結構與功能簡直配合得天衣無縫，然而這個拼圖遊戲的下一塊拼圖應該是一種隨心所欲的密碼，而非漂亮的結構形狀。ＤＮＡ是一部帶有訊息的機器，但

---

1 布羅後來成為著名生物物理學家。

不是用它本身來執行。往後幾年，克里克對於解開RNA結構不是很感興趣，上述看法可以解釋他為何會這樣。華森華生則很難接受這一點，寫信說他不喜歡轉接子這個觀點，並說「在我們決定放棄一切、回去做黏性實驗和觀察鳥類之前，我們必須找出RNA的結構。」

克里克的論文以一段語氣憂愁的話語作終，非常符合他在俱樂部所擔任的「悲觀者」幹部形象：

總而言之，目前的處境令人相當沮喪。一方面，轉接子假說理論上能讓我們提出眼花撩亂的各種密碼，而這些密碼很難一批批否決；另一方面，真實的序列幾乎沒有給予規律性或關聯性方面的任何提示，只告訴我們，所有的（或幾乎所有的）序列應該都有可能存在。在這相對孤立的劍橋，我必須坦承，好幾次我對於解開密碼一點胃口也無。

這裡所說的「孤立」，意思是「缺乏能夠對話的同伴」。華生仍待在美國，而比魯茲和肯祖魯終於在同型置換法有了重大突破，此刻正忙著推導血紅素和肌紅蛋白的結構，克里克需要有人與他討論密碼。一九五四年底，他終於找到了：布瑞納。他和布瑞納初次認識是在一九五三年四月，布瑞納是專程來劍橋看DNA模型的四位牛津科學家之一。那一次碰面，布瑞納和絕大多數人一樣，非常受不了克里克的愛說話，因此比較欣賞華生。然後，一九五四年他們又碰面了，當時布瑞納路過伍茲赫爾。到了十二月，布瑞納準備啟程返回家鄉南非，途經劍橋時，他與克里克聊起密碼問題，剛好在克里克撰寫那篇轉接子論文之前。事實上正是布瑞納建議用「轉接子」這個名稱，也是他推了克里克一把，得出「密碼可能會簡併」的結論，也就是每一種胺基酸可能有不只一種指定方法。

布瑞納的父親，莫里斯·布瑞納，和克里克的父親一樣也是鞋匠，不過出身沒那麼好，他是目不識丁的猶太人工匠，從立陶宛移民到南非。布瑞納在貧窮環境長大，小時候便學會讀報紙給母親聽，而那報紙原本是鋪在桌面當桌巾用的。他就讀慈善團體開辦的學校，十四歲便進入約翰尼斯堡的維瓦特蘭大學，二十歲取得醫師資格。在等待年紀夠長可以考醫師執照期間，他的興趣轉向生物化學，也贏得牛津的獎學金。布瑞納性格急躁、意志堅定，甚至有點好鬥，不過很愛講笑話和八卦，可說在知性和個性兩方面，他都能與克里克那種無情的論辯風格相抗衡。大戰期間，在維瓦特蘭大學的軍官訓練營裡，後來成為化學家的克魯格和其他人都是士兵，只有布瑞納是下士軍官。

布瑞納對於密碼的知識相當豐富，雖然他學的是細菌遺傳學，但讀過匈牙利裔美籍數學家馮紐曼談論「可以自我複製的機器」，也就是細胞自動機。馮紐曼認為，這種機器需要獨立出一個地方來儲存複製自身所需的資訊，也需要有一種機制來詮釋那些資訊，這就像是錄音帶和錄音機的關係；事實上，他等於以抽象的方式描述基因、核糖體和信使分子之間的關係。然而，沒有一個生物學家（包括布瑞納在內）曾以馮紐曼的理論作為思考架構，但至少布瑞納開始尋思「資訊」這方面，以及除了儲存資訊的機制，可能也有某種解碼的裝置。這可能是他對克里克的第一個影響，也是最重要的一個，很可能使克里克不再執著於「DNA直接指揮蛋白質合成」的想法。你或許不免想問，克里克不是經常與數學家好友克萊瑟爾談天嗎？他自己怎麼沒有讀到馮紐曼提出的概念？後來克萊瑟爾回憶道，他曾對克里克提起馮紐曼的論文，但克里克認為那是數學的抽象概念，沒有多加理會。

馮紐曼自己也曾短暫參與伽莫夫的下一個密碼提案，即「組合密碼」。由於胺基酸總數（二十）和DNA鹼基三個一組的總數（二十，不管三個鹼基的排列順序的話）

剛好吻合，伽莫夫得知這點感到異常興奮；此外他又發現，這類「三聯體」有些只有一種排列組合（例如AAA），有些則有好幾種變化（例如AGT、ATG、GAT、GTA、TAG、TGA），因此根據馮紐曼的分析，這或許可解釋為何各種胺基酸的數量多寡有其規律，並非隨機發生。而克里克的超靈驗直覺再度啟動，立刻就說他不喜歡這個想法。他寫信給華生說：「我覺得那爛透了。」很難想像有一種解碼機制可以不管鹼基的排列順序，況且「支持證據太薄弱，我實在很難把它當一回事，」克里克寫給布瑞納的信上這樣說，那時布瑞納已回到南非；然後克里克又加了一句：「我自己的看法是，編碼之類的事情應該擱置一陣子。」

一九五五年十月，克里克的母親過世了，享年七十六歲。克里克非常悲傷，把自己關在房間裡整整三天，但出關之後完全恢復鎮定。此時，他的弟弟東尼住在遙遠的紐西蘭，因此最親近的家人只剩叔伯、姑姑和阿姨了：伯父小華特住在美國加州，叔叔亞瑟住在英國肯特郡（他在一年內也過世），姑姑溫妮費德在北安普頓，阿姨伊索則剛搬進劍橋的一棟大房子，位於馬丁利路，克里克的大兒子麥克跟著姨婆住在那裡。克里克獲得母親的一點遺產，買下住家的隔壁，葡萄牙路二十號，於是把牆壁打通，裝上一扇活動拉門。不久後，美國生化學家黎奇和太太珍妮從加州理工學院來訪，黎奇曾和華生研究RNA結構、和伽莫夫一起研究密碼，來到劍橋後決定在這裡待久一點，想和克里克一起解出膠原蛋白的結構，於是黎奇搬到葡萄牙路二十號來住。這段期間，克里克家中陸續聘請過幾位外籍女孩，她們幫忙做早飯、洗尿片以換取食宿，然後下午去上語言學校。一九五五年，有一段空檔沒有聘請外籍女孩，琳達・鮑林（彼得・鮑林的妹妹）也來幫忙，住在葡萄牙路二十號的地下室。

五月，克里克和奧蒂兒前往巴黎，因此克里克趁機拜訪巴斯德研究所的一群科學家。他在那裡第一次見到莫諾和賈寇布，在分子生物學的英雄榜上，這兩人的密切合作關係最能與他和華生匹敵，而他後來也欣然接受兩人的智識挑戰。賈寇布曾說：「我們對克里克這個人一點概念也沒有，對我們來說，克里克只是附屬於華生……直到我們與克里克見面，很顯然克里克並非附屬於華生。」一群人在蒙帕那斯大道的「宇宙」餐館共進午餐，席間，遺傳學家艾佛西指出，尚未有確切證據說明DNA的鹼基序列確實能規定胺基酸如何排列，克里克也承認這點。但是克里克回到劍橋後，英格拉姆剛剛找到證據，確認鐮狀細胞貧血的一項遺傳變異乃是因為血紅素的單一一個胺基酸改變了。

由於克里克暫時將密碼問題束諸高閣，他在一九五五年投入比較小的研究題目：

溶菌酶、膠原蛋白、病毒。他和英格拉姆一起研究溶菌酶，但是沒什麼進展。膠原蛋白則讓克里克再度惹上麻煩，由於國王學院的蘭德爾團隊早已有系統地研究膠原蛋白，克里克才第一次撰寫文章提出理論（那時他還在布魯克林，而且論點是錯的），就讓蘭德爾和韋爾金斯暴跳如雷、猛烈抨擊。後來，印度的生物物理學家拉馬昌卓為膠原蛋白提出一個相當優雅的三股螺旋結構，克里克和黎奇認為可以更進一步，於是為一種人工多胜肽「多甘胺酸二」成功建構出三股模型。此後經過了很多年，他們的模型才獲得證實。

至於病毒方面的研究，也是為了把注意力從密碼問題移開而做，而這會是克里克和華生合作研究的最後一個主題。一九五五年六月底，華生回到劍橋，這是離開一年後首度回來，在此之後他將前往哈佛。幾天後，克里克走路上班途中遇到莫特，他繼小布拉格之後主持卡文迪西實驗室。「我得介紹你和華生認識，」克里克說，「因為他在你的實驗室工作。」「華生？」莫特回答，「我還以為你的姓氏是華生—克里克。」華生仍打算解開RNA的結構，而他似乎希望能和克里克再一起努力幾個月，就能重溫一九五三年第一次經歷過的，無憂無慮的癡迷與狂喜。不過，華生同時想研究植物病毒的結構，他於一九五二年開始做這個題目，也小有進展。在當時，他對病毒和微粒體具有類似的大小和結構感到很好奇，它們也都是細胞內非常微小的圓形物體。微粒體似乎同時包含蛋白質和RNA，也許與解碼裝置有關，而研究病毒或可幫助了解這一點。

華生回到劍橋前曾先寫信給克里克，請他向病毒學家馬可漢索取一種叫做PVX的馬鈴薯病毒。克里克回信說：「羅莎琳（富蘭克林）也去（向馬可漢）索取一些。這有點棘手，因為我最近和羅莎琳建立不錯的交情，她一做出實驗結果就會拿給我看。」再度偷取富蘭克林的研究不會是好主意，他們只好選做另一種病毒。當時富蘭克林獲得克魯格和其他人的協助，對於病毒結構的分析研究領先眾人，在柏貝克學院發表了很多論文。最終，「華生—克里克」對病毒學的貢獻雖然很簡單，卻是相當重要的：他們發表了兩篇論文（或許沒有很炫，但是很正確），指出小型病毒之所以不是桿狀就是球狀，乃因它們全都由相同的蛋白質單元組合而成，這些蛋白質外殼的作用僅是保護裡面的重要基因。論文的另一部分還指出病毒所含的RNA很小，只能做出一個蛋白質單元，然而在一九五六年三月，兩人於倫敦一個小型研討會上發表這個研究結果，大多數的病毒學家卻忽略這個論點，仍然拒絕承認病毒的感染力來自於它們所含的RNA（植物病毒的基因為RNA而非DNA）。其實艾佛瑞早就證實基因是由核酸分子組成，但病毒學家仍未追上他的腳步，更別提要他們接受華生－克里克的論點，即核酸的結構能夠解釋遺傳方式。

一九五六年四月初，華生前往以色列和埃及，克里克則去西班牙馬德里參加一個比較大的研討會，再次報告他們對病毒的研究；韋爾金斯和富蘭克林也參加這次會議。結束之後，克里克一家人搭乘火車和巴士一路向南旅行，暢遊了托雷多、塞維爾和科多巴，回程時又取道法國。克里克夫婦自從八年前度蜜月之後，這是第一次有了真正的假期，富蘭克林全程與他們同行，如今她已是克里克夫婦倆共同的好友；在此之前，她便經常尋求克里克的意見，而在馬德里，她和奧蒂兒相處得非常融洽——原因可不僅是兩人對法式時裝和精緻料理有共同的愛好。那一年稍後，富蘭克林動了兩次手術移除卵巢腫瘤，復原期間曾到克里克劍橋家中休養。「羅莎琳動了兩次神祕的手術，不過現在比較好了。」克里克於一九五六年十一月寫信給華生這樣說，充分反映英國人非常不喜歡談論疾病的細節。隔年，富蘭克林又來和克里克一家人住了一段時間，當時她的密友也在劍橋，他是病毒學家卡斯帕。然而癌症再度復發，她於一九五八年四月離開人世，得年僅三十七。

富蘭克林過世當時幾乎沒沒無聞，但多年以後變得非常出名，主要因為她在發現雙螺旋過程中扮演的角色，以及她一直未獲承認的成就。許多人認為富蘭克林當年未能成名是性別歧視之故，然而富蘭克林的友人們，特別是克里克和克魯格認為，她過世後被塑造成「女性主義烈士」的形象，她若得知必定會很吃驚。如同許多科學家的遭遇（男性女性皆然），她所面臨的是競爭對手的偏見與歧視，有些人會這樣是因為嫉妒和追求私利。她的競爭對手不只是韋爾金斯和蘭德爾，後來還包括英國一些重要的病毒學家，而他們的態度不必然因為她是女性。以當時標準來看，科學界十分歡迎女性參與，而且國王學院比其他研究機構聘有更多的資深女性研究員。富蘭克林任職國王學院當時，同一個研究小組有八位女性，其中五位後來接受作家賈德森的訪談，表示她們幾乎感受不到因為性別而來的偏見，而有幾位說她們覺得富蘭克林很冷漠。華生的著作《雙螺旋》書中有個默劇式的反派人物「羅西」，主要透過韋爾金斯之眼來描述這位堅不妥協、宛若絆腳石的人物。這種描繪方式令許多人大為憤怒，特別是認為華生和克里克根本偷竊富蘭克林數據的人們，至少兩人並未坦白承認他們應該感激富蘭克林的數據。諷刺的是，結果是華生點燃了火花，促成大家挺身捍衛富蘭克林的名譽。

華生向來是這個爭議的攻擊目標，克里克則多半讓自己盡量避開。但在一九七九年，克里克短暫涉入其間，他在《科學》期刊寫了一篇文章如此說道：

羅莎琳的困境和她事業上的失敗主要是她自己造成的。在活潑的外表下，她是個過於敏感的人，而且說來諷刺，她求成的決心太強，造成在科學方面不夠紮實，也不免取巧走捷徑。她有點太想憑一己之力而成功，也有點太頑固，無法輕易接受來自他人的建議，特別是別人的建議與她自己的想法相衝突之時。有人對她伸出援手，但她不願接受。

寫了這篇文章之後，克里克接到一些憤怒的來信。有一封信來自腫瘤學家佛藍德，克里克回覆時進一步說道：

我認為她是優秀的實驗學家，但絕對不是第一流的……她的理論晶體學程度非常一般……我所反對的是一些女性刻意膨脹她的名聲，卻沒有完全了解她做的研究，而且往往不了解她的個性。羅莎琳必定會第一個跳出來反對這種誤導的行為，反對將她塑造成烈士。第一流的科學家都會冒一些風險。而羅莎琳呢，對我來說，她太過謹慎了。

與富蘭克林最親近的同事是克魯格，他看過這封信的複本，認為克里克說得有點嚴厲：

我會認為以你的標準，我們這些同行絕大多數人都一樣不夠格。她很清楚自己並非鮑林之輩（或者，從結果來看，她也非克里克之輩）。與那少數人比起來，差別在於她並非很有想像力的人；但又有多少科學家擁有呢？

此外，克魯格也說，在一九五三年，誰是多數人心目中「不紮實」的人呢？不會是謹慎小心的富蘭克林，而是耀眼的克里克吧？

第七章

布瑞納

一九五六年四月，克里克從西班牙回到英國，沒多久後，他寫信給人在南非的布瑞納，告知一個關於密碼的新點子。「回覆密碼問題：萊斯利（生化學家歐加爾）、葛力菲斯和我已推算出神祕數字二十，所用的密碼是三個鹼基對應一個胺基酸。」這便是著名的「無逗點密碼」，實在太過美妙，因此它顯然是對的……然而它是錯的。世人稱之可能是科學史上最完美的錯誤想法，或可說在那一刻，克里克在他自己的遊戲裡打敗了上帝。儘管如此，克里克從未完全確信這個想法；他很清楚這純屬猜測。

這個想法起於二月他和歐加爾的一次談話，兩人聊起遺傳密碼的「標點符號」問題。歐加爾和布瑞納一樣，也是在一九五三年搭上載滿科學家的車子，從牛津到劍橋觀看雙螺旋模型。離開牛津的職位後，他前往鮑林的實驗室，與華生一起研究RNA，也曾和伽莫夫共同構思一些密碼方案。如今他是劍橋的無機化學講師，而布瑞納不在的空檔，他是克里克各種想法的最佳配角，也是他的一席話促使克里克再度展開思考。

這個時候，他們開始推測DNA所攜帶的是三聯體密碼，也就是三個鹼基代表一個胺基酸，理由很簡單，一字密碼只有四種組合，二字密碼也只有十六種組合方式。他們也想過密碼重疊讀取的各種可能性，就像曾讓伽莫夫興奮莫名的那種方式，不過將之全數排除了，因為這類密碼會限制某些種胺基酸不能互相連接，然而就當時所知，沒有任何一種蛋白質有這樣的限制情形。可是，不重疊的密碼會出現一個問題：對於拖著一個胺基酸的轉接子來說，要怎麼判斷三聯體密碼從哪裡開始讀取呢？這時，克里克還沒想到會有一個「解碼器」沿著DNA跑，而是認為胺基酸只要在序列上找到正確的密碼，便會同步串接上去，當然它們是由轉接子帶過去的。按照這種想法，他認為不會是從序列的一端開始、每三個鹼基一組，這種方法不但太笨了，也很容易出錯，只要不小心跳過一個字母便前功盡棄。他心想，也許會因為讀錯的部分太多，超過一個「字」的範圍，結果變得完全沒有意義。他向歐加爾提出這個構想，而歐加爾立刻看出這會產生剛剛好二十種「有意義的字」。「二十」正符合胺基酸的神祕數目。

推導的方法很簡單。先從全部六十四組三聯體開始。首先排除四個三聯體，AAA、CCC、GGG、TTT，因為這種三聯體不能連續出現兩次，例如AAAAAA，這樣一來搞不清楚兩組三聯體如何區分，容易出錯。於是剩下六十組。接著請想想三個字母的循環組合（例如ACT、TAC、CTA），我們只能選用其中一組，因為假使ACT是「合法的」，則ACTACT有可能讀成CTA或TAC，因此

CTA和TAC必須排除。從這類三個字母的循環組合各選出一組，意思是將六十除以三，變成二十種。

但這樣不能證明必定有二十種區別分明的三聯體，只能證明三聯體的數目不超過二十。問題在於要能證明下列為真：現在有四種字母，取三個字母排成各種組合，而你想要得到二十種三聯體，條件是其中兩兩三聯體彼此連接時，若不小心讀到中間部分也不具意義。克里克因為感冒到床上休息，一邊努力找出符合上述性質的二十組三聯體，可是他只找到十七組。歐加爾向葛力菲斯提起這個問題，葛力菲斯以前是學數學的，現在則是化學家，曾在一九五二年幫克里克解決鹼基配對的問題；結果，葛力菲斯很快就找到一種二十組的解答。事實上，他立刻計算出至少有二百八十八種解法，每一種都包含二十組三聯體。

這樣的密碼如此完美，感覺起來幾乎不可能出錯；當然也要搭配轉接子，即轉接子會與「合法的」三聯體結合，不會與「非法的」三聯體相接。事至如此，興奮之情逐漸升高。運用純粹的邏輯推理、不需做實驗，克里克等人可以用二十個字寫出一套密碼，而這二十個字全都由三個字母組成，總共有四種字母。但正因為這方法太純粹了，令克里克有點遲疑。他們沒有任何線索能證明無逗點密碼，它就像是一座空中樓閣、缺乏一丁點證據的奇思妙想。數學家很喜歡這類事物；沒多久後，確實有數學家葛羅布跳進來，把符合條件的所有三聯體密碼組合全部列出。然而，克里克是一個對真實世界有興趣的經驗主義者，他決定保持觀望態度，沒有太多興奮之情。

但無論如何，消息傳得沸沸揚揚，是說克里克、葛力菲斯和歐加爾已經破解遺傳密碼。他們將這個想法寫成短文，投稿到RNA領帶俱樂部；接著，許多人想在研討會上引用他們的想法，為了滿足眾人的需求，一九五七年他們在《美國國家科學院學報》發表論文，文中充滿不確定的字句，而這是應該的：「推導出這種密碼的過程中，我們必須用上許多論點和假設，然而純粹是由理論推導而來，證據太過薄弱，連我們都不是很有自信。」過沒多久，《科學美國人》幾乎把它當作事實來報導，女作家摩爾也把這件事寫在《生命的螺旋》書中；其實早在這本書出版的很久之前，克里克就已經把這想法打入冷宮了。「我的處境很尷尬，」他後來寫道，「有時候發現別人比我自己還要相信它。」

一九五六年四月底，克里克前往美國做暑期研究；他在美國待到八月中，而奧蒂兒帶著孩子們到諾福克郡外婆家過暑假。六月，克里克在黎奇的實驗室度過四十歲生日，黎奇的實驗室位於馬里蘭州貝什斯達，位於首府華盛頓郊區。克里克在那裡繼續研究膠原蛋白的結構，也試著用腺嘌呤合成出一段人工RNA。停留貝什斯達期間，克里克做了一件非常勇敢的嘗試：請黎奇教他開車。可惜壯志未酬，黎奇說，那次經驗「打擊了我倆的自尊心」。

在那之後，克里克前往巴爾的摩參加一場會議，針對遺傳的化學基礎發表演講；克里克發現，主辦單位安排他和華生住在巴爾的摩旅館的總統套房，這是雙螺旋開始帶給他們真實名聲的第一個徵兆。然而，在他之前發表演講的查加夫卻又把他帶回現實，用刻薄的語氣說，他把注意力放在DNA是不智之舉。而在威斯康辛州的麥迪遜，克里克應邀對「一小群大概十五個人」演講，結果吸引了兩百位聽眾。七月中旬在密西根州的安娜堡，克里克做了三場演講，他曾寫了兩封長信（一封給華生、一封給布瑞納），歸納出他對當前遺傳學發展的看法。寫給華生的那封信是個很好的例子，看得出克里克可以多麼快忘掉他的個人好惡；幾週之前，他曾以兄長的口吻責罵華生，氣他不趕快把那年稍早在倫敦討論會報告的病毒研究寫成論文、盡快發表。「還用說嗎，我對這件事非常非常生氣。而且，每次我去參加研討會而你沒去，我也很不喜歡聽藉口。像這種事，也許啦，如果你是青少年還說得過去，可是你都快三十歲了。」而此時，他彷彿忘了那一切，信中寫的盡是各種訊息和點子，提到他開始將觸角伸向蛋白質的合成理論。他提出一項「假定」，認為「微粒體顆粒是唯一（在細胞內）能合成蛋白質的地方」。這項猜測是對的。

克里克寫給布瑞納的信則是以此作結：「你快點來，我等不及了。難道沒辦法提早一或兩個月來嗎？」克里克急著讓布瑞納加入劍橋研究行列已有好一段時間，前一年秋天終於出現一個機會，肯祖魯的太太與肯祖魯分手，轉而與赫胥黎在一起，使得赫胥黎不得不立刻離開。克里克需要有人幫他做實驗，也需要有人回應他的各種點子（這人還要像他一樣愛講話）。布瑞納正可符合兩種角色的需求。

不過，布瑞納尚未於那一年底來到劍橋，就有了一項重大突破：轉接子原本只是理論上的概念，這時終於變得具體。同時間有三個實驗室一同做出發現，其中美國麻州總醫院的詹美尼克和霍格蘭的結果似乎最為清楚。先前詹美尼克已將微粒體從細胞內分離出來，盛裝在試管內，再放入標記有放射線的胺基酸合成出蛋白質，等於建立一種新的實驗方法；而這時霍格蘭發現，每個胺基酸依序插入蛋白質之前，曾有一段時間與一種小型的可溶性RNA分子相連。在此之前，霍格蘭從未聽過「轉接子」，也不是所謂「密碼集團」的一份子，因此當華生於一九五六年底告訴他，事實上早在他做出這項發現之前就有人預測過了，這令霍格蘭覺得很氣餒。他將自己比喻為一位探險家，在叢林裡揮汗披荊斬棘，「最後終於有所回報，映入眼簾的是一座美麗的廟宇——抬眼一望，竟然看到法蘭西斯（克里克），他乘著理論的輕巧薄翼，歡快地向我們指指點點！」然而，克里克不相信這種可溶性RNA（或稱轉移RNA）就是轉接子，這種分子比他的預期大太多了。要過一陣子之後，情況才變得比較明朗，顯然每一種胺基酸都配備一種特定的轉移RNA，而這種真實的轉移RNA確實非常吻合理論上的轉接子。

克里克於一九五六年八月中旬飛回英國。布瑞納則於十二月抵達，還沒找到房子之前便住進葡萄牙街克里克的家。他也搬進克里克位於奧斯汀翼樓的辦公室。未來二十年間，他與克里克共用一間堆滿書籍的辦公室，兩人幾乎每天談話，從早上過一半的咖啡時間開始，有時候一直聊到去老鷹酒吧或修士餐廳吃午餐，然後繼續聊到一天之中最重要的午茶時間，喝茶時搭配幾塊甜餅乾。（克里克非常喜歡那種甜餅乾，吃了一輩子都不會膩。）大多數討論都集中於黑板上，上頭寫滿了各種字句和圖表。後來證明基因和蛋白質具有共線性質的薩拉貝回憶說，那塊黑板不停改變面貌，隨著一天之內迸出多少新理論、猜測和事實，黑板的樣貌就改變多少次。布瑞納和克里克的對話發展出獨特的規則：丟出一個笨點子沒什麼好丟臉的，但對方說那是笨點子的時候不可以生氣。辦公室的大門永遠敞開，隨時歡迎實驗室其他人走進來打斷他們的談話，不過陌生人就會被請去找祕書。和華生一樣，布瑞納懂的生物學知識比克里克多很多，而他發現克里克真是「不可思議的盤問高手」，總是不斷質問某個想法該如何用實驗做驗證。克里克也做其他「研究」，其實就是在閱讀科學論文。他對別人的研究結果求知若渴，連最晦澀難解的論文也不放過，而且擁有驚人的專注力。克魯格就曾問他，為什麼要浪費那麼多時間讀一些顯然沒用的論文。「可能會找到一個線索啊。」

而除了討論、詰辯之外，布瑞納的另一個任務是建立一個噬菌體實驗室，所需的空間、設備和經費都是克里克想盡辦法求來、偷來、借來的。噬菌體是一種專門攻擊細菌的病毒，會破壞細菌的運作機制，藉以製造出更多病毒。噬菌體很容易觀察偵測，方法是將細菌養在培養皿裡，如果在一片不透明的「細菌草地」上出現乾淨透明的圓斑，就表示那裡的細菌受到噬菌體攻擊而死掉了；一旦噬菌體發生突變，變得無法殺死細菌，則圓斑會消失或變小。一開始，布瑞納想要證明基因和蛋白質之間具有共線性質，即證明基因的鹼基序列恰恰能決定蛋白質的胺基酸序列。

他預計選用的噬菌體基因是「rII」。在此之前，美國普渡大學的班塞已經用數百種不同的突變噬菌體彼此雜交（每一種都是rII基因發生一個突變），透過這種方法，他可以畫出rII基因的結構圖，精細到每一對鹼基都一清二楚。事實上，班塞的結果推翻了「基因是一個整體」的舊觀念，把基因切開成一段段。班塞是非常傑出的實驗學家，出身於窮苦的紐約布魯克林區；他原本在電子學界表現得相當優秀，後來轉而研究基因，往後更發現果蠅的記憶與交配基因。班塞於一九五七年秋天來到劍橋，加入布瑞納的實驗室；他的生活日夜顛倒，而且氣溫稍微涼一點就完全無法忍受，這些習慣令布瑞納非常吃驚。總之，他們攜手進行實驗，想找到一種化學物質可讓一個鹼基突變為另一個，然後看看病毒有哪一個胺基酸發生變化，藉此解開遺傳密碼。至少研究計畫是這樣寫的。

這個階段，克里克坐下來仔細思量，不時畫一畫DNA轉譯成蛋白質的整個過程、篩選各種證據、剔除一些造成誤導的線索、將事實挑選出來。這個階段的成果可能是克里克最傑出的論文，他於一九五八年將論文寄給實驗生物學會，學會即將於坎特伯里舉辦研討會。論文標題很簡單：〈論蛋白質合成〉，將討論範圍界定出來。這篇文章有點像牛頓的《數學原理》[1]，或者維根斯坦的《邏輯哲學論叢》，克里克提出一整套堅實的主張，而且其中各點彼此相關。基因的功能是製造蛋白質。蛋白質包含二十種胺基酸，而且無論什麼生物物種，所有蛋白質幾乎都有這二十種胺基酸。蛋白質具有清楚、固定的胺基酸序列，折疊方式也視胺基酸排列順序而定。而這樣的排列順序，則是由基因的鹼基排列順序來決定。蛋白質的合成地點是在「微粒體顆粒」（沒多久之後確定是核糖體），主要是在細胞質內合成，而非細胞核內。由核酸分子組成的特定轉接子會與胺基酸結合，將胺基酸帶到合成地點。至於遺傳密碼，則是以鹼基的三聯體寫成不重疊的密碼。

這些論點全屬猜測，而且全部是對的。克里克甚至用蛋白質和DNA序列來討論生物系譜學和分類學，大膽提出預言：「大量的演化資訊很可能藏於其中。」其實科學文獻中滿是令人困惑的結果，而他往往有辦法做出正確的結論，也幾乎不會讓混淆視聽的線索轉移了注意力。克里克的直覺非常強，這種才能顯然貫穿了他的整個科學生涯，讓他在同儕眼中價值不凡，也讓他們覺得匪夷所思。事實上，克里克並非全然無錯，在〈論蛋白質合成〉文中，他認為微粒體所含的RNA是用來當作蛋白質合成的模板，這個錯誤要到兩年後、經由布瑞納一次電光火石般的靈感閃現才得以更正。

1 中文本由王克迪譯。臺北：大塊文化，二〇〇五。

這篇論文最有價值的部分，要算是克里克從所有證據得出的兩個基本原則：

我自己的想法乃是基於兩個基本原則，我願稱之為「序列假說」和「中心教條」。可以證明二者的直接證據都還很不明確，但我發現，若要掌握這些非常複雜的問題，它們可以提供很大的幫助。我在這裡提出它們，是希望其他人可拿它們當作類似的用途。它們的不確定性由名稱強調之。企圖建構一個有用的理論時，如果沒有用上它們，會是很有啟發性的嘗試。大體說來會走入一片荒野，無所適從。

序列假說是指DNA的鹼基序列決定了胺基酸的序列，而且不需要其他東西來告訴蛋白質該怎麼折疊。對生化學家來說，這仍近乎異端邪說，不過在克里克的圈子裡，序列假說已逐漸成為正統說法了。這是分子生物學的一大驚奇。在當時，序列假說還只是一項假說，不過愈來愈顯得有其道理，但另一方面，中心教條仍有很大爭議，甚至可說人人喊打。關於中心教條，最初的構想是這樣的：

一旦「資訊」傳遞進入蛋白質，就不能再傳遞出來了。說得更仔細一點，資訊從核酸傳遞給核酸、或從核酸傳遞給蛋白質都是可行的，但從蛋白質傳遞給蛋白質、或從蛋白質傳遞給核酸就不可行了。

幾個月前，克里克便在《科學美國人》的文章裡用過「中心教條」這個詞，他在文中說得很清楚，他不能容許蛋白質自我複製，蛋白質也不能改變合成出它們的核酸。後來，中心教條令華生和克里克出現一點小爭執，兩人吵吵鬧鬧直到克里克過世為止。「中心教條」經常以簡單形式來描述，即「DNA製造RNA製造蛋白質」，華生理所當然認為這最早是由他提出的，出現在一九五二年他寫給戴爾布魯克的信中。克里克則特別強調蛋白質是序列資訊的接受者，而非提供者。

如同歷史學家歐比後來所指出，克里克試圖顛覆一項想法，這個想法在當時一直拒絕鞠躬下台：DNA和蛋白質之間的關係是會互相交流的，也就是說，DNA決定蛋白質的序列，但是蛋白質也可以決定DNA的序列，因此所謂的「基因」是由二者組合而成。以生化意義來說，這也許是對的，但若從資訊的意義來看，這種想法完全錯誤。事實上，合成蛋白質序列所需的資訊存放在DNA序列裡，而合成DNA序列的訊息同樣存放在DNA序列裡。不過，克里克用上「教條」這個字眼，令他在往後幾年惹上不少麻煩，特別是與康蒙納的爭執，康蒙納是個頑固守舊的蛋白質捍衛者，幾乎花費整個科學生涯、不放過任何一根稻草，都要堅持雙螺旋是錯的，到最後克里克稱他是「固執任性的呆瓜」。遲至二〇〇二年，在《哈潑》雜誌上，康蒙納仍以非常奇怪的跳躍式邏輯堅稱，「人類基因組計畫」可證明中心教條是錯的，因為如今發現，只要在一個基因在不同位置做切割，便可製造出不只一種蛋白質。其實從最初的文獻可以清楚看出，克里克之所以用上「教條」這個字眼，是因為他知道尚未有任何證據可資證明，因此它算是個大膽的猜測。而儘管有許多人試圖推翻中心教條，它仍然是對的：DNA的鹼基序列決定了蛋白質的胺基酸序列，但反之不能成立。

隨後兩年間看不出太多進展。密碼問題依舊渾沌，噬菌體也一直不肯乖乖就範，而克里克的檔案裡累積了不少密碼的方案，光是手寫的部分就有一百五十頁左右。不過總算有好消息傳來了，加州理工學院的梅索森和史達爾做出精妙的證明，首次能夠獨立驗證雙螺旋的存在；實驗結果顯示，當基因在個別細胞內複製時，DNA會進行「半保留複製」，即雙螺旋的兩條長鏈各作為一條模板，各自複製出一條新的長鏈，這完全符合一九五三年的預測。一九五八年三月，克里克寫信給刻在哈佛的華生：「悉尼（布瑞納）對密碼問題有一些新的想法，等到更釐清一些，我們會詳細告訴你……我和嘉貝麗得了德國痲疹，賈桂琳患上腮腺炎，奧蒂兒則全身都是不明原因的疹子，不過我們算是還好。」（這令人不禁想起一個老笑話：林肯夫人，撇開林肯先生看戲時遇刺一事不談，您覺得那齣戲好看嗎？）五月，克里克遠赴巴黎，在巴斯德研究所演講，用的是法文。他對於用法文即席演講不是很有自信，於是在奧蒂兒協助下，他預先將整篇講稿寫下來，不過把穿插其中的笑話去掉了，因為寫在紙頁上看起來有點不妥。這場演講不是很成功。那年春天，他也搬出原本位於奧斯汀翼樓的辦公室，遷往不遠處一棟「小屋」內的新辦公室，那是一棟不怎麼吸引人的一層樓磚房，有著斜屋頂，至今仍座落在劍橋新博物館校區的庭院裡。他仍與布瑞納共用一間辦公室。

一九五九年三月，克里克獲選為英國皇家學會會士，他是獲得比魯茲和小布拉格的推薦。小布拉格在推薦函上寫道：「克里克擁有最靈活、聰明、無畏的頭腦。」不過他又刻薄地加上一句：「我從未能釐清華生的貢獻有多少、克里克的貢獻又有多少，因為全都是由克里克對外發言。」當時，克里克在哈佛擔任訪問教授，與黎奇一家人同住，不過他的遠行邀約實在太多了，很難好好停下來考慮哈佛給他永久職位的提議。四月，他和奧蒂兒帶孩子們進行一趟短短的家庭旅行，先造訪紐奧良，再轉往田納西州大煙山國家公園的蓋丁堡，結束後前往加州柏克萊工作。六月，頂著曬傷的皮膚，他在紐約長島布魯克海文國家實驗室的研討會發表一場演講，會中他很坦白地承認，關於密碼問題，他還在努力掙扎。他說，密碼問題已從模糊不明的階段越過樂觀的階段，目前處於困惑的階段。前一年夏天，兩名俄國人發表了一篇論文，分析細菌所含DNA和RNA的組成。DNA的差異非常大，有些種類所含的胞嘧啶和鳥嘌呤數量高達其他種類的五倍之多；可是RNA就大同小異了。也許所有物種並沒有共通的密碼。或許密碼有簡併現象，同一種胺基酸具有很多種不同的表示方法。也或許密碼包含了很多無用的訊息，與編碼毫不相關。克里克提出這些所有的可能性，但也承認他很洩氣；而在演講後的討論中，他又必須抵擋「說不定基因根本是由RNA組成……或純粹由糖分子序列決定」的想法。「密碼這整件事根本是一團糟，」他後來說，「你也知道，我們完全失去方向，不知道該在哪裡轉彎。沒有一件事恰到好處。」

一九五七年，克里克申請劍橋大學的「貝爾福遺傳學教授」職位，成為偉大演化學家費雪的繼任者。費雪曾統合孟德爾和達爾文的理論，他很贊成由克里克繼任，但是審查委員會成員之一的達林頓反對，他的一番運作讓克里克落馬，選上的則是族群遺傳學家陶戴；這又提供了更多證據，顯示遺傳學家並不支持「真實的基因」，他們比較喜歡抽象的基因。達林頓是牛津的資深遺傳學家，他脾氣壞、愛唱反調，依舊拒絕相信DNA可指揮製造出蛋白質，寧可認為DNA和蛋白質的關係是平等而互補的，而這正是中心教條所要反駁的想法。

這就像是給克里克一個提醒：此時此刻，科學方面的事情並非照他的想法走。〈論蛋白質合成〉提出的理論如此符合邏輯，卻是非主流的論點，況且逐漸增加的最新實驗結果又與之不大符合。一九五九年九月，克里克前往丹麥，參加華生前同事麥羅召開的一個研討會。在那裡，有個火熱的最新消息從巴黎傳來，莫諾和賈寇布做了一系列非常漂亮的實驗，而實驗結果與克里克的想法不符。莫諾比克里克年長六歲，是個才華洋溢到不可思議地步的人。他擅長航海、攀岩、拉大提琴、指揮交響樂團，也是共產黨員，戰時是法國反抗軍成員……有太多事情令他分心，因此回到實驗桌前已經四十歲了。但是在一九五〇年代中期，他證明當環境中有乳糖存在時，細菌會立刻開始製造一種蛋白質，這是「基因開關」的第一個證據。至於賈寇布，他於一九四四年參與「自由法國」[2]部隊的戰役，渾身都是砲彈碎片；接續莫諾的實驗之後，他發展出非常精妙的實驗技巧，在不同時間打斷細菌的「接合生殖」（這是細菌與細菌之間依序傳遞基因的方法），於是能夠標示出細菌染色體上每個基因的位置。

隨後，莫諾和賈寇布獲得加州訪問學者帕第的協助，證明一個細菌傳遞基因給另一細菌時，接受的細菌會在三分鐘內開始製造與那基因相關的蛋白質；三分鐘實在太快了，這樣短的時間來不及製造新的核糖體。這個「睡衣實驗」（PaJaMo experiment，取帕第、賈寇布和莫諾的姓氏字首而命名）的結果與克里克在〈論蛋白質合成〉的假設並不符合，克里克原本認為每個核糖體會攜帶一個基因的RNA複本，用以製造蛋白質。因此，克里克不相信睡衣實驗的結果；他認為，如果事實與理論不符，首先應該質疑事實是否為真。

一九六〇年四月，賈寇布前往倫敦參加一個研討會，隨後到劍橋度過復活節週末假期。在復活節前的星期五，那天是四月十五日，實驗室都關了，克里克、布瑞納和一些人齊聚於布瑞納在國王學院的房間，聆聽賈寇布再次描述他那令人困惑的實驗結果。眼前是一群習於提出質疑的英國聽眾。「法蘭西斯和悉尼簡直讓我考了一場試！他們提出許多問題、批評和意見。那像是一群獵犬追著我跑，不停囓咬我的腳踝。」賈寇布堅守立場，他描述最新的證據，當放射性磷的衰變造成基因毀壞後，蛋白質立刻停止製造。這時，布瑞納突然大喊一聲「啊—」，開始劈里趴啦說了一堆，說得又快又急；克里克也開始回應，兩人說得一樣快，房間裡的其他人看得目瞪口呆。布瑞納看出答案，而克里克知道布瑞納看出來了。核糖體並沒握有製造蛋白質的「食譜」，它只是負責播放錄音帶的錄音機；只要餵給它合適的錄音帶，即「信使」RNA，它就可以製造出任何蛋白質。至於信使RNA，四年前就已經發現了，生化學家佛爾金和艾思崔全找到一種不穩定的游離RNA，其組成方式與噬菌體DNA就像鏡子一樣彼此對應。佛爾金和艾思崔全認為他們發現的是生產DNA的中間物，但事實上，他們發現的是基因的RNA複本，透過核糖體來閱讀上面的訊息，之後轉譯成蛋白質。布瑞納真該踢自己一腳，因為這正是數學家馮諾曼的理論所描述的自我複製機器：包含了錄音帶與錄音機！談到洞悉答案的這一刻，克里克後來寫道：「那實在太值得紀念了，我可以清楚回想起那一刻發生時，悉尼、我和佛蘭索瓦（賈寇布）於房間裡坐在哪個位置。」

布瑞納和賈寇布立刻計畫做一個實驗，那年夏天他們在加州一起進行，證明了

2 二次大戰期間，法國於一九四〇年在其本土敗給德國後，戴高樂以英國為基地，組建一支「自由法國」武裝部隊，也可說是流亡政府，繼續對抗德國。到了一九四四年，戴高樂成為法國本土以外武裝力量的最高統帥。有三十餘萬自由法國士兵參加諾曼第登陸戰，後來在勒克萊爾將軍領導下，「自由法國」第二裝甲師開進巴黎，解放了法國首都。

信使ＲＮＡ的存在。（這個實驗一度在華生和布瑞納之間引發一些嫌隙，因為在賈寇布拜訪克里克和布瑞納之前六週，華生於哈佛的實驗室以噬菌體完成一些實驗，顯示核糖體ＲＮＡ無法指揮蛋白質合成。）克里克則是坐下來，可能就在四月十五日當天下午，動手將這項新的領悟寫成論文，儘管從未發表。當天晚上，克里客家中有個派對，不過美酒和佳人並未如往常一樣令人分心，與會的科學家們站著聚在一起，熱烈討論信使ＲＮＡ。那天的「發現」也許突然，但是來得有點遲。不像轉接子是在發現前一年便由克里克預測其存在，信使ＲＮＡ發現了四年（就是佛爾金和艾思崔全發現的游離ＲＮＡ），才終於有人意識到它的存在。由於核糖體會合成蛋白質，也因為核糖體帶有很多ＲＮＡ，大家不免執著地想，這表示核糖體攜帶的ＲＮＡ必然包含基因的複本。現在大家終於明白，負責指揮蛋白質合成的ＲＮＡ來自核糖體之外，而核糖體自己的ＲＮＡ只是它構造的一部分（不過當然啦，核糖體ＲＮＡ也是由特定基因合成出來的）。此外，這個領悟終於能夠解釋先前令人困惑的一大事實，不再阻礙密碼問題的解答工作，那事實是：核糖體ＲＮＡ放諸四海皆相同，不會因為細胞不同、物種不同或要製造的蛋白質不同而有差異。於是，解答密碼問題的大軍可以再度開拔了。

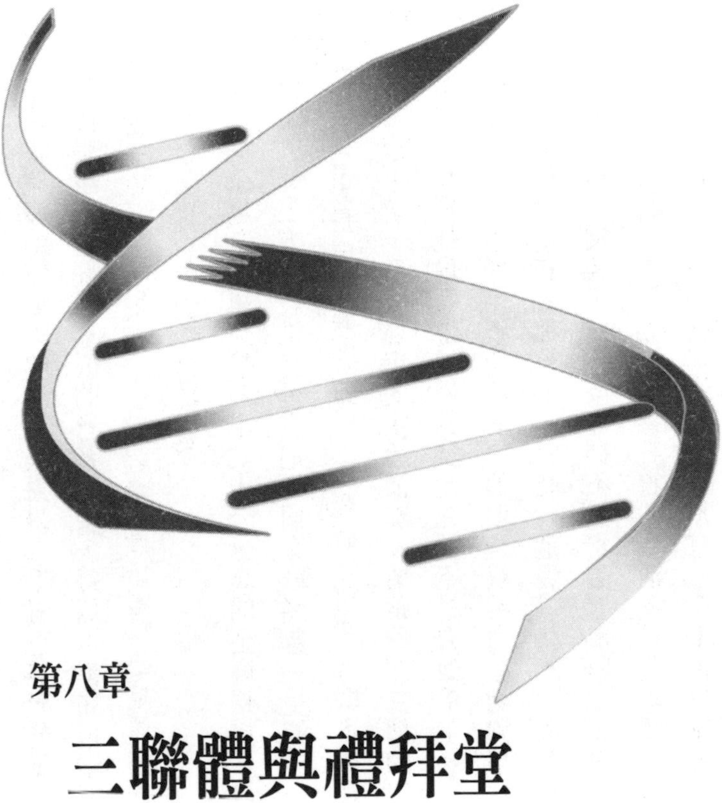

第八章

三聯體與禮拜堂

一九六〇年八月，克里克接到消息，因為雙螺旋的關係，他、韋爾金斯和華生共同贏得美國公共衛生協會頒發的雷斯克獎，每人獲得二千五百美元的獎金，以及一座沉甸甸的勝利女神雕像獎座。也許更重要的意義在於，每個人都知道雷斯克獎往往是諾貝爾獎的風向球。雷斯克獎之後不久，他們又獲得法國科學院頒發的梅耶獎，一九六二年也獲頒加拿大格爾德納基金會的貢獻獎。

一九六一年，實驗室的工場為克里克打造了九十公分高的金屬螺旋，漆成金色，裝設在葡萄牙街十九號的大門上方，於是克里克把這個家命名為「金螺旋」。那是個單股螺旋，而非雙螺旋，意思是要表彰他的第一個突破性研究進展，即螺旋理論。「金螺旋」的一切逐漸安頓下來，形成穩定的生活節奏。奧蒂兒在三樓的工作室從事繪畫與陶藝創作，而嘉貝麗和賈桂琳發現她們的父親「並不是會做手工藝、講床邊故事、教你如何騎單車的老爸」，不過很親切和藹。他倒是很努力教她們學習科學，利用餐桌上水果籃裡的東西當作行星和各種粒子，有時候還滿無聊的。他們一家人很少去聽音樂會或看電影，麥克曾問父親，為什麼他們不能常去看電影，克里克對他說，與其看螢幕上那些人神經兮兮的，還不如好好過真實的生活。早些年間，他們家沒有收音機、沒有電視、很少買雜誌，連報紙都沒有。倒是有一件事讓麥克視為苦差事，每個星期日早晨，他得去買一份《觀察家報》，在浴室裡唸給父親聽。

不過家裡經常舉辦派對，而且素以美女如雲和無限供應的潘趣酒而聞名；有時候，主人家還會要求客人打扮成「海邊流浪漢或傳教士」。另些時候，像是一九六二年六月一日，那天是星期五，「金螺旋」當晚九點的派對主題是「畫室」，賓客們要打扮成「藝術家、模特兒或舞孃」，奧蒂兒在邀請函裡附上一張裸體素描。每位賓客抵達後，都會拿到素描簿和鉛筆，而工作室裡窗戶下方的沙發上有一名裸體模特兒搔首弄姿，客人們可以盡情作畫。劍橋是個穩重的地方，因此這件事造成相當的轟動。

一九六一年二月，克里克自己投身於實驗室工作。他有個點子想要測試一番，可是布瑞納一直沒有當真，讓他等不下去了。於是克里克自修噬菌體交配技術，從培養皿的菌斑取出微小的樣本，然後在新的培養皿上讓這些噬菌體互相交配，在攝氏三十七度環境下培養幾個小時。他做起實驗笨手笨腳，這不稀奇，而他老愛與技術員爭論某件事為何要以某種方式進行，這點也不出大家所料。不過他確實下定決心好好學習。他用了兩種菌株，一種菌株有特定基因發生斷裂、對噬菌體免疫，另一種會受噬菌體感染。透過這些實驗，克里克可以觀察病毒基因的突變情形，他感興趣的問題是一個突變如何能抑制另一個突變。在此之前，布瑞納和歐加爾的太太愛麗絲・歐加爾發現有些化學物質能造成病毒突變，卻也能「治療」或抑制某個突變，但若突變是由另一種化學物質造成，則不具有「治療」效果。舉例來說，屬於吖啶類的黃色染料「原黃素」可以造成一種突變，也會讓基因回復正常功能。一九六〇年十一月的一個星期六，布瑞納心生一念（不出所料，這念頭是他和克里克在老鷹酒吧吃午餐時冒出來的），認為這是因為原黃素讓序列插入或去掉一個鹼基，而非原黃素本身取代一個鹼基。

於是克里克提出一個假說，用以解釋兩個突變為何會彼此抑制。他認為信使RNA會自行扭出一個鬆鬆的雙螺旋環圈構造，讓它攜帶的訊息露出來對著核糖體；一旦多插入一個鹼基，新形成的一股當然就要多插入一個鹼基才能彼此配對。因此他希望將彼此抑制的突變位置標示出來，看它們在病毒染色體上相距多遠。

等他終於將三個抑制因子突變標示出來後，卻發現每一個抑制因子都與它所抑制的突變位置非常接近。到了五月，他有了一個點子，於是著手做一系列新的實驗。他選擇其中一個稱為P13的突變，將之重新命名為FC0，並尋找可以抑制它的其他突變，再找出可以抑制這個抑制因子的抑制因子，以及抑制因子的抑制因子的抑制因子。在每個案例中，新的突變多少可以修復第一次的突變，但無法完全修復。夏天過了一半，他已經發現二十五組突變和它們的抑制因子。

幾個星期之間，這些撫慰人心的實驗流程（一天交配兩次，穿插幾小時的培養時間，以及幾次選擇菌斑），令克里克感到無比的滿足。他通常整個週末投入工作，到了星期一才休息，讓技術員能在這一天趕緊清洗用具和做準備工作。實驗場所是在動物學博物館一條密不透風的走廊上，過去這裡放的是鯨魚骨骼，後來館方的動物學教授很後悔讓克里克占據這裡。在克里克的記憶中，有一次「一位迷人的朋友」（奧蒂兒的藝術家朋友）深夜跑來實驗室，以她的手指梳過克里克的頭髮，對他說：「來參加派對嘛。」但是沒用，他太著迷於實驗了。

但無論如何，由於有了拉斯克獎的獎金，那年夏天奧蒂兒說服他去度個真正的假期。六月底，他們先去法國白朗峰山腰上的佛薩山參加科學研討會，假期便從那之後開始，最終結束於莫斯科的國際生物化學研討會，一家人於整個七月和八月初愉快度假。透過朋友幫忙，他們在摩洛哥的坦吉爾港租下一棟度假別墅，座落在岩石海岬上，位處分隔大西洋和地中海的半島尖端。別墅裡有位名叫莫罕的僕人，白天還有其他幫手。孩子們的保姆是身為德國貴族的愛麗諾•布羅姆瑟，她的男友、未來的泰國著名建築師居姆塞也在，當他們、奧蒂兒和孩子們在海灘上玩耍，或到露天市場逛街購物時，克里克則躲在陽台的棕櫚樹陰影下閱讀科學論文。八月，克里克前往莫斯科後，他的家人又在當地待了一週才離開。至於莫斯科發生的事情將在第九章詳述。

返回英國後，克里克開始做所謂的「叔叔與嬸嬸」實驗：一個抑制因子的抑制因子能不能抑制「同輩」的抑制因子？答案是可以的。抑制因子可以清楚分成兩大類，他將之分為「正」與「負」。正因子都可以修正負因子，反之亦然；不過正因子不能修正正因子，負因子也不能修正負因子。現在他知道先前提出的信使RNA扭轉理論是錯的，也終於知道事實上如何進行。吖啶類染料所造成的一些突變是多插入一個鹼基，其他情形則是漏掉一個原本應該存在的鹼基。插入的突變可以抑制漏掉的突變，反之亦然；經過短暫的無意義突變後，原本攜帶的訊息又正常了，也就是把「讀框轉移」修正回來。於是，「同一輩」若不是全都漏掉鹼基，就是全都插入鹼基。接著，布瑞納建議一種製造三重突變的方法，也就是靠近基因左端的地方總共插入三個鹼基或漏掉三個鹼基；假如密碼確實是三聯體，加入或拿掉一、二個鹼基會讓訊息整個亂掉，但若加入或拿掉三個鹼基，則可讓訊息回復正常，基因也復原了。這一次，多數實驗由技術員芭內特負責執行，她後來成為卡萊爾學院的資深導師，院內有一棟大樓為表彰她的成就而以她命名。一天晚餐後，她和克里克把首次做的三重交配實驗拿出培養箱，從眼前菌斑透露的訊息，終能證明三重突變確實表現為正常的噬菌體。「你可知道，」克里克對芭內特說，「你和我是這世界上唯一確知密碼是三聯體的人？」

這個實驗同時證明一件事：密碼會從一個固定點開始讀取，從那裡開始每三個鹼基一讀。既然克里克設計出無逗點密碼，在他看來，這種讀取方式實在有點不智，他很希望能夠排除這種可能性，但大自然就是選擇了這樣的方式。此外克里克和芭內特發現，他們終於能夠將「六十四」縮減成「二十」的占數式執迷徹底推翻，因為他們找出抑制因子的確切數目，也就能夠排除無逗點密碼所說的無意義三聯體了。每一組三聯體都代表一種胺基酸，即使所謂「錯誤的」三聯體亦然，因此密碼必然有「簡併」現象，正如克里克的兒子於一九四八年自己編製的密碼一般，每一種胺基酸都可以用好幾組不同的三聯體來表示。從六十四縮減為二十，箇中並無魔法或機巧，只不過彼此有許多重複罷了。

原本視克里克為理論學家的人們滿腹狐疑，以前其他人努力做實驗時，克里克向來只站在邊線為大家搖旗吶喊。但這一次，他們的想法錯了。克里克費盡心思、乾淨俐落地自己做實驗，不但親自設計每一種交配模式，也很小心地計算結果。討論三聯體密碼的論文名為〈製造蛋白質之遺傳密碼的一般特性〉，於一九六一年的倒數第二天刊登在《自然》期刊，共同作者包括芭內特、布瑞納，以及年輕的物理學家瓦茲托賓。這篇論文一直是分子生物學史上的里程碑，它與克里克的大多數論文非常不同，因為講述的是他自己做的實驗。而且這篇論文在除夕期間引發媒體爭相報導，這在當時是很少見的。「科學家已破解生命的密碼。」英國的《星期日泰晤士報》如此說。「揭開生命祕密的重大進展似乎有譜了，」《觀察家報》說道，而且如同媒體向來的筆法，接著文章便跳到遙遠的未來，「我們所期盼的遠景，像是隨心所欲生育出天才或怪人、能夠抵抗所有疾病的生物、擁有異乎尋常的天性，其實仍非常遙遠。那可能永遠不會實現，但已不只存於科幻小說之中。」與其說這些報導受到克里克實驗結果的影響，不如說是受到論文最後兩段的激發，他提及八月在莫斯科的生化學大會一項「令人吃驚的」論文宣讀結果；就在他證明生命密碼始於一個起點、一次讀三個鹼基之前，第一組三聯體密碼已然破解。於是，克里克說：「如果密碼的比例確實是三，如同我們結果所示，且如果編碼方式是放諸整個大自然皆準，則遺傳密碼必然會於一年內解出。」

那年秋天，克里克得到另一種完全不同的「名聲」。前一年，他已成為劍橋大學邱吉爾學院的創始院士。成立這個學院是為了表達對邱吉爾的敬意，最初倡議的人是查韋爾爵士[1]，他是邱吉爾的戰時科學顧問。英國意識到自己缺乏科學家與工程師人才，因此多次嘗試模仿美國麻省理工學院，希望能建立專門的科學學院，邱吉爾學院便是其一。克里克最初婉拒成為院士，因為他聽說這個學院準備蓋一座禮拜堂。這並沒有列在原本計畫之中，但面臨篤信宗教的群眾壓力，學院的董事會做出讓步，宣布只要覓得經費就會蓋禮拜堂，不過連邱吉爾本人（他自己並不常上教堂）都顯得態度冷淡，他說：「就蓋個安靜的空間吧。」布拉德爵士是地質物理學教授，與克里克從海軍部時期以來一直是好友，當時他已是邱吉爾學院的院士，特地前來說服克里克改變心意。布拉德說，建禮拜堂的經費只有區區十基尼（英國舊制金幣，等於一點零五英鎊），是由凱斯學院主教蒙特費爾捐贈。那禮拜堂可能永遠也不會蓋。於是克里克應允成為院士。

他沒料到蒙特費爾的狡猾與算計。蒙特費爾開始尋找富有的贊助者，請他們資助禮拜堂的建築經費，最後說動了包曼特，他當時是聖職候選人，後來成為自由派政治家，也是綠黨黨員；包曼特剛繼承一大筆遺產，於是捐贈了禮拜堂所需的全數經費，

1 物理學家林德曼，後受封為查韋爾爵士。

總額為三萬英鎊。結果院士們還來不及要求說明，那筆基金就開始動用了。這件事終成一九六一年夏天的最大議題，而當時克里克人在摩洛哥的坦吉爾港度假。於是，院士和董事會共同召開一次會議，但會議在一九六一年九月舉行之前，克里克即宣布辭去院士之職，他認為前一年同意成為院士之時遭到誤導、欺騙。不過沒多久他就後悔了，覺得這麼做太過倉促，他希望自己能留下來辯論這個議題。

於是他寄了一封短信給邱吉爾，解釋辭去院士職位一事。他收到以下回覆：

得知你已辭去邱吉爾學院職務，我覺得很遺憾，也對你所持的理由感到困惑。建蓋禮拜堂的經費是包曼特先生專為此一目的而捐贈，並非由一般學院經費挪用。無論人們的宗教觀為何，禮拜堂都是學院內大多數人能夠享有的清靜設施，而且除非自願，否則沒有人會受迫入內。

克里克回信了，他在「金螺旋」家中提筆寫信，那天是十月十二日，他以令人詫異的粗魯態度表達主張：

為了更清楚表達我的立場，信中附上一張十基尼的支票，提供基金成立「邱吉爾學院高級應召女招待所」。我希望這筆基金終有一天能在學院內設立永久的便利設施，讓一些仔細挑選出來的年輕小姐住在裡面，並由一位適合的「夫人」負責掌管，一旦這個機構越來越有傳統，毫無疑問應該提供「高桌」的邀宴權給這位「夫人」[2]，一點問題也沒有。

我敢確信，這樣一棟建築會是住在劍橋的許多人能夠享有的清靜設施，這機構也不需要訂定強制措施，除非人們願意，否則不需要進入。此外基於道義，它不僅會對英國國教徒開放，也對天主教徒、非英國國教徒、猶太人、穆斯林、印度教徒、禪宗佛教徒開放，甚至對於無神論者和我這樣的不可知論者也一視同仁。

（董事會或許）覺得我提供的十基尼根本是品味低俗的笑話，但那正是我對董事會提議建置禮拜堂的看法，特別是時值二十世紀中葉，身在一所新學院，尤其是身在

2 高桌晚宴是英國大學傳統的正式社交宴會，其中「高桌」乃是保留給教授及教授邀請的賓客使用。將高桌的邀宴權提供給掌管招待所的夫人，即是讓這位夫人不受限制地進入學院的社交圈當中。

一所特別強調科學研究的學院。當然，學院內有一些成員是基督教徒，至少未來十年也依然如此，但我不懂的是，為何學院應該默默認可他們的信仰、提供特別的設施。要知道，城內的教堂有一半是空的。就讓他們到那些教堂去吧，剛好可以讓他們發表長篇大論。

即使是低俗的笑話也可以很好笑，但遺憾的是，我大笑的同時，也必須從帶有您響亮大名的學院辭去職務。

邱吉爾沒有回信。信紙角落則有鉛筆字寫道「退回等值支票」。

禮拜堂的爭議並未就此停歇。有一群院士要求禮拜堂作為冥想室之用，可進行基督教儀式，但不是他們專屬的地方，裡面不得設有永久的十字架。蒙特費爾指責這種態度根本是反基督，至於包曼特，他若不是拒絕同意這樣的立場，就是要收回他的捐獻。那整個冬天，劍橋鬧得沸沸揚揚。然而最後終於有了轉機，出現一個很麻煩的折衷方案：將禮拜堂建在學院範圍之外。這時也有個好笑的謠言四處流傳，克里克獲得國王學院提供一個研究員職位，但除非國王學院願意拆除它那精美的十五世紀禮拜堂，克里克才可能接受職位。事實上過了幾年後，克里克成為邱吉爾學院的榮譽院士──他說「讓往事成為往事吧」。

克里克先前說「至少未來十年也依然如此」有點是玩笑話，不過他似乎開始審慎思考「宗教即將消滅」這件事。兩年後，他捐了一百英鎊給劍橋人文主義學會舉辦徵文比賽，題目是「學院禮拜堂可以拿來做什麼？」獲勝的文章（評審包括英國著名小說家佛斯特）提議把禮拜堂拿來當作游泳池。對此又有謠言傳播說，學院牧師提供一百英鎊獎金舉辦徵文比賽，題目是「克里克博士可以拿來做什麼？」肯祖魯將兩則消息的剪報寄給人在美國哈佛的華生，敦促華生針對兩個徵文比賽各投一篇稿子。一九六六年，克里克寫了一篇文章〈我為何是人文主義者〉交給《大學》雜誌。「近年來，分子生物學幾乎打破了生命與無生命之間的界線，」他寫道，「世上宗教那些徹底的無稽之談已像是講給孩子聽的童話故事。」回應生物學家索普的讀者投書時，克里克的說法更簡潔：「也許我應該強調這一點，不過假意支持對方才是有禮貌吧。我不尊敬基督徒的信仰。我認為他們很荒謬可笑。」

克里克有多年時間婉拒參加婚禮、喪禮或教堂的受洗儀式，只參加儀式之後的派對。但他也意識到，如果人們願意加入他的人文主義行列，他必須發展出新的儀式，以之取代宗教儀式。甚至在學院用餐前，他也發明新的祈禱文（「讓我們記得，今天我們努力工作，於是能夠吃飯。」），但他很快便陷入人文主義的吊詭之處：愈是正式、儀式化，或變得益發偏執，就會愈像宗教。熱切的無神論者幾乎就像熱切的信仰者一樣無趣。

第九章

大獎

克里克突然離開邱吉爾學院，一部分的動機可能因為密碼即將解開，他非常興奮，因此他最不需要的就是與神職人員辯論、轉移了他的注意力。一九六一年八月在莫斯科，令克里克非常震驚的消息來自奈倫柏格，對於解密碼這一小圈菁英份子來說，當時的奈倫柏格可說默默無名。國際生化學大會在莫斯科大學一連舉辦三天，奈倫柏格在一間教室有十五分鐘的報告時間，聽眾只有小貓兩三隻，不過梅索森在場，他聽完立刻跑去找克里克，於是在會議接近尾聲時，克里克在他主持的一段議程最後插入奈倫柏格，讓他再講一次。奈倫柏格任職於美國華府郊區的國家衛生研究院，主持一個沒什麼人知道的實驗室；他的報告內容是改良一種實驗技術，這種技術最早由詹美尼克發展出來，可在試管內用核糖體合成出蛋白質，而奈倫柏格很快就發現，為了合成蛋白質，他必須加入一些RNA片段。他有一位同事是德國人馬泰依，馬泰依拿著北大西洋公約組織的獎學金來到美國，沒多久就能用很有系統的實驗方法測試各種RNA，找出它們究竟可以製造出什麼樣的蛋白質。一九六一年五月二十七日凌晨三點，馬泰依測試的是新近以人工方法合成的RNA，這種RNA整條都由尿嘧啶（U）組成，即聚尿苷酸（poly-U）。（RNA是以尿嘧啶取代胸腺嘧啶。）結果核糖體合成出很純的聚苯丙胺酸。既然克里克已經確知密碼是三聯體，則上述實驗結果顯然已破解出密碼的第一個「字」：UUU代表的是苯丙胺酸。

奈倫柏格停留莫斯科期間，馬泰依又打電話來報告結果，他重施故技，丟進一串胞嘧啶，破解了第二個「字」：聚胞嘧啶（Poly-C）似乎可以製造出聚脯胺酸。其實這件事頗為諷刺，克里克和布瑞納原本認為他們所用的技術（將人工合成的RNA餵給核糖體，看核糖體會製造出什麼東西）很不切實際，對它嗤之以鼻，然而發現信使RNA之後，會想運用這樣的技術其實是很符合邏輯的。奈倫柏格和馬泰依獲致這樣的成功，首次顯示新一代的分子生物學家漸漸和其他領域的科學家愈來愈相似了：含渾不明的異端說法造成突破性進展，因為菁英份子都緊抓正統說法不放。

克里克從莫斯科返回英國，將邱吉爾學院的禮拜堂爭議踢到一旁，開始加入異端說法的行列。他馬上與葛恩柏—梅納果展開合作，她是法國生化學家，曾發現合成RNA的酵素；另外，他也請一位博士後訪問學者歐芬甘德學習奈倫柏格的無細胞實驗系統。到了十月，布列歇以博士班學生身分加入團隊，而他們已可重複做出poly-U的實驗，也著手做其他人工合成RNA，特別是包含兩個鹼基任意排列的情形。很快便有了結果，他們發現poly-UC和poly-UA會將白胺酸插入胜肽鏈中。然而在這方面，大多數的進展還是由設備較好的美國實驗室做出來，也就是奈倫柏格，以及紐約大學的奧喬亞。奧喬亞是人工合成RNA聚合物的第一把交椅，因此是最快跟上奈倫柏格領先腳步的一人。「密碼問題，」克里克寫道，「已然走出純粹理論推測的領域，進入實驗的渾沌之中。」而在這段時期，克里克指派自己研究各方說法、加以評斷。他拿到德國人做菸草鑲嵌病毒的一組實驗數據，他們用亞硝酸讓菸草鑲嵌病毒發生突變，可以預見的是把胞嘧啶改成尿嘧啶，腺嘌呤也改成性質類似鳥嘌呤的化學成分。這個結果至少可證實密碼確有簡併現象：幾乎所有的三聯體都代表一種胺基酸，而有好幾組三聯體代表同一種胺基酸。克里克也得以檢視人類血紅素自發突變的實驗結果，從中清楚看出這套密碼同時適用於人類、菸草和細菌，由此確知它具有普適性。

於是克里克寫了一篇回顧論文，標題是〈密碼問題近期令人興奮之事〉，主要因為奧喬亞也指出各種三聯體代表的意義，但許多說法都顯得草率、混亂，於是克里克交給自己一項「吃力不討好的任務」，要對奧喬亞的說法進行審慎評估。克里克懷疑很多結論都是錯的，但更糟的是除非RNA包含很多尿嘧啶，否則無細胞系統很難順利運作，因為（後來回顧才得知）唯有某些胺基酸存在時，加進去的一些試劑才會發揮作用。因此，他本來在提出三聯體的論文中很大膽地說，密碼必然可在一年之內破解，如今看來是不可能的了。不過他在回顧論文的末尾提出另一項大膽主張：遺傳密碼「是一種不重疊的三聯體密碼，以略有系統的方式形成很大幅度的簡併，而且普遍適用或非常接近如此。」他再一次展現自己的精妙本領，從當代的混亂爭議之中篩選出永恆的真理。

一九六二年二月，分子生物學實驗室從卡文迪西實驗室獨立出來，搬到劍橋市郊的一棟新建築，鄰近於新近設立、附屬於劍橋大學的艾登布魯克斯醫院，史傳濟威實驗室也近在咫尺，那是克里克展開生物學生涯的地方。同一個時候，分子生物學實驗室也展開挖角，新加入的生力軍包括劍橋大學生化學系的桑格團隊，以及柏貝克學院的克魯格團隊。總的來說，這棟嶄新的極簡風格現代建築聚集了大約六十位科學家，而過去寄人籬下時建立的隨性風格，像是每個人都直呼名字、不打領帶等，到了這裡也延續下來。這裡沒有設置任何委員會或正式報告的場合，也不須申請研究經費，只要實驗室經費允許，所有科學家都可以做自己有興趣的研究題目。比魯茲是個再民主不過的人，他不願被稱為實驗室主任，只願做為一個管理理事會（成員包括克里克、肯祖魯和桑格）的主席。五月，英國女王前來為這棟大樓舉行正式剪綵，克里克和布瑞納躲得遠遠的，表示他們不贊同皇室。華生剛好路過英國，他倒是很樂意代替他們，和女王閒聊養馬經。

一九六二年十月十八日，古巴飛彈危機發生的三天後，電話鈴聲分別在英國劍橋、美國麻州劍橋、英國倫敦三地響起。克里克、華生和韋爾金斯於同一時間得知他們獲頒諾貝爾生理醫學獎。這項消息並沒有令他們大感吃驚，因為早在前一年，莫諾就曾向克里克索取一份發現雙螺旋的詳細說明，他說自己正在準備一份簡報——毫無疑問是要提交給瑞典皇家科學院。克里克回信寫道：「真正幫助我們解出結構的資料，主要都握在羅莎琳・富蘭克林手中，而她於幾年前過世了。」但是諾貝爾獎向來不頒給過世的人，況且一個獎項也從不頒給超過三個人。假使富蘭克林仍在世，為解決這個問題，瑞典皇家科學院可能會將化學獎頒給她和韋爾金斯；而實際上，那一年的化學獎頒給比魯茲和肯祖魯，表彰他們對蛋白質研究的貢獻，可以說把劍橋該得獎的人來個一網打盡。俄國人藍道獲頒物理獎，但他剛發生嚴重車禍傷及腦部，無法前往斯德哥爾摩參加贈獎儀式。那年的文學獎頒給美國作家史坦貝克。

得獎消息發布時，奧蒂兒正在劍橋的三一街逛街購物，一位路過的朋友告訴她這個消息。那天是星期三，店舖會提早打烊，於是她立刻衝去向雜貨店老闆買食物、向酒商買香檳，並向魚店老闆買冰塊，準備將浴缸裝滿冰塊用來冰鎮香檳。盛大派對是一定要的，結果「金螺旋」的屋頂都快掀翻了。華生於派對中途打電話來。隔週，克里克寫信給華生：「如果我講話顛三倒四，那麼要向你道歉，不過實在太吵了，我幾乎聽不見你說了什麼。」各方道賀開始大量湧進，許多怪人、索取簽名的人、宗教狂熱份子和絕望的病人也紛紛寫信寄來。

十一月，克里克匆匆前往加拿大多倫多領取蓋德納獎，隨後便帶著家人前往斯德哥爾摩，參加十二月舉行的贈獎典禮。他對皇室的厭惡顯然並未延伸至瑞典皇室：接受獎章時，他甚至向瑞典國王微微鞠躬。典禮後的晚宴上，奧蒂兒坐在高齡八十的瑞典國王古斯塔夫旁邊，而克里克（身穿燕尾服、繫著白色領帶）的旁邊是年方二十四的狄塞麗公主。史坦貝克、華生和肯祖魯發表演講，而克里克拿名牌寫了幾句話遞給華生：「比我上去講要好太多了，F。」晚宴之後，照片顯示克里克與十一歲的女兒嘉貝麗共舞。隔天他的演說內容則是密碼問題。

跨年之際，英國廣播公司播出一個電視節目《諾貝爾獎得主》，介紹五位研究化學分子的英雄，由蒙巴頓爵士擔任引言人。而英國作家魏爾森在《女王》雜誌如此描繪克里克：

簡直像是話講個不停、點子源源不絕的漫畫人物，充滿孩子氣又心情快活，令人不禁卸除心防。……看他那麼像兔寶寶不停提出古怪意見，經過那麼多個小時疲勞轟炸和唇槍舌劍，到最後，近乎奇蹟一般，上述種種全都值得了，因為像克里克博士這樣一個人，終於將話題轉為本世紀最重要的演化科學理論。我們多麼需要一個綜合兩種特點的人，一方面像克里克博士，太沒耐心不想做實驗、不停冒出新點子，一方面則像韋爾金斯博士，將整個人生奉獻給實驗、有無窮的耐心且熱愛低調。

無論心情快活與否，克里克並不怎麼喜歡新來的名聲。他的祕書曾在十一月寫信給一位粉絲說：「如果有可能避免，克里克博士從不允許他的照片出現在任何地方。」他盡力讓這樣的限制原則維持了很多年。在此之前的幾年間，他拒絕了大多數要頒給他的榮譽，包括榮譽學位。華生便說，克里克向來對自己成為歷史人物一事毫無興趣，也不喜歡伴隨名聲而來的義務與責任。除了在一九八〇年接受英國畫家摩根為英國國家肖像藝廊繪製一組畫像，克里克從來不曾為了讓人畫肖像而坐下來。他曾一度考慮接受爵士頭銜，朋友們也敦促他接受，因為「法蘭西斯・克里克爵士」聽起來很像「法蘭西斯・德瑞克爵士」[1]。然而，克里克最終認為那是沒價值、沒用的東西，比較像是科學家亟需更多經費時藉此收買他們。而他並不孤單，劍橋的分子生物學家贏得諾貝爾獎但拒絕爵士頭銜者包括：克里克、比魯茲、布瑞納、桑格、麥爾斯坦[2]和波特。只有肯祖魯、克魯格、沃克[3]和薩爾斯頓[4]接受；華生則於二〇〇一年獲頒榮譽爵士頭銜，當時他同意帶領英國的實驗室參與人類基因組計畫。

為了應付名聲的問題，克里克借用美國評論家威爾森說的一個笑話，並將內容印在一張卡片上：

克里克博士感謝您的來信，但很抱歉無法接受您以下的盛情邀請：

寄送簽名

---

1 英國海洋探險家、著名的私掠船長。英國王室提供封爵機會給克里克之前一兩年，德瑞克爵士的冒險事蹟正好改編成影集在英國上映。

2 阿根廷籍的生化學家，研究主題是抗體，獲頒一九八四年諾貝爾生醫獎。

3 英國化學家，闡明三磷酸腺苷的合成機制，而獲頒一九九七年諾貝爾化學獎。一九九九年，因其在分子生物學領域的貢獻，接受英國王室冊封為爵士。

4 英國分子生物學家，二〇〇一年接受封爵。他發現了器官發育與細胞死亡的遺傳機制，獲頒二〇〇二年諾貝爾生醫獎。上述幾位科學家的研究團隊均屬於分子生物學實驗室。

提供照片
治療你的疾病
接受訪問
上廣播節目談話
上電視
晚宴後發表演講
贈送紀念品
協助你完成研究計畫
閱讀你的論文手稿
發表演說
參加研討會
擔任主席
成為編輯
寫文章投稿
寫書

接受榮譽學位

（曾有愛開玩笑的人回覆此信，在最後加上一則「去當種馬」。）

以前在學生時代，克里克曾被認為很愛講話、表現不盡理想，如今那已是很遙遠的記憶了。一九六一年，最早研發出小兒痲痺疫苗的沙克正在籌組一個新的研究機構，獲得美國南加州的聖地牙哥市提供土地，位於拉荷雅，由建築師路易斯康設計了充滿未來感的建築，而沙克邀請克里克、物理學家西拉德、遺傳學家盧瑞亞、數學家威佛和莫諾成為這家研究機構的院外科學家。於是，克里克每年冬天會先去一趟巴黎，再飛往加州，與莫諾和幾位院內科學家熱烈討論各種議題，包括布洛斯基和歐加爾。

收到諾貝爾獎所分得的一萬七千美元獎金後，克里克的生活第一次能過得相當優渥，甚至偶爾還太悠閒了一點。一九六三年，克里克終於決心學開車，奧蒂兒將她的Mini小車開到一個廢棄的飛機場教他駕駛；一九六四年，他買下兒子麥克的MG跑車（原本是伊索阿姨送給麥克的畢業禮物）。有一天，他和奧蒂兒造訪劍橋東方二十英里處的一個諾福克郡小村莊，邂逅了一棟可愛的茅草屋頂小屋，還有個很大的花園，於是說服農夫真該把它賣掉，最後他們買下了那棟小屋。克里克在那裡忙於園藝工作，運用他那極其精準的預測力，全心研究各個不同品種的水仙和玫瑰。一九六四年秋天，他更買下一艘「史巴克曼與史蒂芬斯牌」遊艇的一半所有權，船名為「奇異鳥二號」，船身有四十七英尺長；那艘遊艇是與義大利科學家馬約卡共同擁有，停靠在拿不勒斯，配有一位年紀很大的船員，只會講義大利文。

一九六五年，奧蒂兒在義大利卡布里島租了一棟別墅，他們可以從那裡坐船出航，兩個女兒則交由藝術家朋友德桑克提斯照顧。可是遊艇的維護費用令人卻步，馬約卡也很難相處，克里克又一直沒變成技術純熟的水手，於是過了一年後，他把「奇異鳥二號」的所有權賣掉，換成「天堂之眼號」，這是一艘「貝爾川牌」動力遊艇，運送到義大利東南方的巴里。

而在劍橋，奧蒂兒正準備與朋友蓋爾安德森舉辦作品聯展；蓋爾安德森素以「水灘鎮大地主」聞名，他在沼澤地有一棟亂糟糟的房子，過著一夫多妻的混亂生活，一堆妻子、女友、嬰兒來來去去，派對結束時的男女配對往往出乎意料。蓋爾安德森是著名埃及學家之子，熱愛派對；等到水灘鎮的鄉村生活變得乏味後，他偶爾會到「金螺旋」克里克家中幫忙舉辦派對。他的雕塑作品充滿情色意味，瀕臨色情邊緣，與奧蒂兒的許多裸體繪畫相較，蓋爾安德森的作品可說直接得嚇人。不過克里克很喜歡有他相伴，不會輕易被他嚇倒，即使派對中有蓋爾安德森的八厘米色情影片投射在牆上也不以為意。由於生活周遭充滿藝術氛圍，克里克於這段時期開始拿起相機，說服奧蒂兒和家中保姆當他的模特兒。一九六〇年代已然來臨。

在一九六〇或七〇年代，克里克家典型的派對只需一點最微不足道的理由便可開辦，整棟「金螺旋」的四層樓全部塞滿友人，留聲機播放著音樂，像是著名音樂人邁克·歐菲爾德的經典專輯《管鐘》最受喜愛，廚房有大碗裝滿了調酒，空氣中瀰漫著大麻的特殊氣味。克里克夫婦沒有對彼此明言「開放婚姻」，但克里克無可救藥地熱愛調情，奧蒂兒也盡量不讓這種事影響自己。克里克常在派對中向女性說：「我知道你是非常快樂的已婚女性，但每個人都需要一點點刺激嘛。」他還曾對一位祕書說了以下的話，令她飽受驚嚇：「在漫長的婚姻路上，你不能期望男人沒有偶爾的外遇。」（這個建議對剛結婚的她還真是恰當啊。）無論如何，他以如此的帥氣與開放的態度大獻慇懃，很少人會提防他，多數人都被他迷得團團轉。不過姑且將兩性間的調情擺到一邊，一起工作的祕書都認為他是非常溫暖、慷慨、為人著想的老闆。

在一九六〇年代，儘管有這麼多分散心力的消遣娛樂，以及伴隨諾貝爾獎而來令人難以抗拒的權勢誘惑，克里克的注意力依舊放在實驗室。如今搬到簇新、寬敞的實驗室空間，他致力讓每個人都能得知其他人正在做哪些科學研究。從英國各地與海外前來的訪客川流不息，他們總是獲邀在此舉行專題討論會；有個「克里克週」是為期一週的各種專題討論會，實驗室成員對彼此說明自己的研究成果。克里克總是坐在最前排，他的出現令人膽寒，總是聚精會神、經常打斷講者，最後當然會來個犀利的總結，不僅包括講者剛才說的內容，也指出他們應該如何演說，以及整體所代表的意義；經過這樣的質問過程，至少有一個講者以淚告終。連台下發問的人都會受到指正：「關於這問題，你要問的應該是……而答案是……」同事葛雷姆・米奇森回憶說，結果那些專題討論不僅是可怕的折磨，也彷彿是吸引大量觀眾的精彩運動比賽。

克里克依然專注於密碼問題。歷經一九六一年的興奮，密碼問題此時處於停滯期。除了簡單如UUU之類的序列，後來再將未知序列的人工RNA丟入奈倫柏格的無細胞系統內，竟一直未能再獲得清楚明白的結果。顯然需要發展新的實驗技術了。克里克的主要工作便是激勵那些負責執行的實驗學家，要他們測試彼此的想法，並對異常之處提出解釋。新的突破終於在一九六四年出現，奈倫柏格和萊德發現，系統內若同時有適當的轉移RNA（並連接著胺基酸），核糖體就會與某個簡單的RNA三聯體結合。此外，威斯康辛麥迪遜的柯阮納也找到方法，能夠做出兩個鹼基交替出現的信使RNA（例如UCUCUC）。而奧勒岡大學的史崔辛格正利用噬菌體蛋白質分析「相位移突變」的效應，似乎也支持奈倫柏格的研究結果。史丹佛大學的亞諾夫斯基則找出細菌蛋白質的排列方向（他很幸運，剛好與平常寫DNA的方向相同），也發現細菌蛋白質若發生單一鹼基突變，胺基酸的相應變化恰與奈倫柏格的預測結果是一樣的。如今，研究所需的技術都已齊備了。

一九六五年一月，克里克抵達美國，不過當天時間已太晚，來不及赴紐約一家飯店與華生和畫家達利共進午餐，在座還有一位賓客，華生在信中描述她是「世上最美麗的女孩」，她是影星米亞．法羅。不過克里克隨身帶來了「六十四組三聯體之中許多組的試驗配置表」。前往沙克研究院途中，他造訪全美各地，也看出好幾條證據與線索如何匯合在一起，於是又填補了表中幾個空缺處。抵達沙克研究院後，他在拉荷雅靠近海邊租了一棟房子。有一天，他打電話給奧蒂兒，說有人邀他們駕船出遊，請她準備一些三明治。奧蒂兒發現她只有一條冷凍麵包，於是，為了把麵包拿到太陽下解凍，她走向露台，沒注意到玻璃門，就這樣一頭撞破玻璃。克里克過了一會兒回到家，發現奧蒂兒只穿著內衣，手臂和兩條腿全是血。他召來一輛救護車，火速將奧蒂兒送往斯克里普斯醫院，醫師為她的傷口總共縫了大約一百針。從此之後，克里克一家人總是在玻璃門上裝飾一些蝴蝶圖案。

等奧蒂兒逐漸復原後，一家人束裝返回劍橋，克里克再度鑽研密碼問題，把他從奈倫柏格、柯阮納、史崔辛格和亞諾夫斯基等各處收集到的線索兜在一起。四月二日，他首度為密碼繪製出一張表格，這張表如今已成經典，每一組三聯體的第一個字母排成直行，第二個字母排為橫列，而第三個字母將直行每一字母分隔成四小格；於是，表中每一格都有一個胺基酸的名字，往後這張表和雙螺旋都成為一種經典圖像。然而在當時，表中還有十四格是空的。克里克將這張表寄給華生和奈倫柏格，建議由他們三人發表「關於遺傳密碼研究階段的一項聲明」。他繼續寫道：

如同兩位所知，我發現自己參與其中，不過我屬於資訊的整理者而非生產者。我經常將個人編製的密碼版本提供給有興趣的人……今年的戈登研討會應該是個很理想的機會，不只可以報告密碼的最終版本，也會是最佳的版本……顯然沒有其他人累積夠多的確切資料能夠建立他自己的密碼，而藉由收集所有的資訊，我們已經可以得出大多數的密碼了。

奈倫柏格回覆說：「何不由你來寫聲明？」

而在劍橋，克里克的同事做出一項令人興奮的發現。一九六三年，布列歐發現胺基酸序列不斷增長時，會持續附著在最後一個轉移RNA上，直到信使RNA出現A和U的組合才整串落下。換句話說，必然有一組特定三聯體的意思是「訊息結束」，而且內含A和U。此時，布瑞納回頭研究突變的噬菌體，發現有一種類似的現象稱為「琥珀」，發現者的姓氏是伯恩斯坦，這個字在德文是琥珀的意思。布瑞納分析蛋白質的胺基酸序列，發現琥珀突變總是製造出比較短的蛋白質，而變短處的密碼子都與正常的「UAG」三聯體相差一個鹼基，於是他推測，琥珀突變必定包含了三聯體UAG，它所代表的意義是「訊息結束」。此外還有一個類似的「赭石」突變，後來證實是UAA。這兩個密碼子必然是表示「終止合成」的意思。至於表示「開始合成」的密碼子，後來證明與甲硫胺酸的密碼是同一組，因此所有蛋白質的開頭都是甲硫胺酸，但有時在使用前會修飾掉。

克里克則開始研究一個有趣的部分：三聯體的第三個字母有時似乎無關緊要。舉例來說，CUX代表白胺酸，ACX代表羥丁胺酸，而GGX代表的是甘胺酸，X可以是四個鹼基的任一個。克里克嘗試解釋這個現象，認為頭兩個鹼基會與信使RNA上相對應的鹼基形成氫鍵，而第三個鹼基只形成較鬆的連結，可以「搖擺不定」。化學家霍利也剛首度解出一個轉移RNA的序列，驚訝地發現其中包含的三聯體似乎是「反密碼子」，而與密碼子第三個鹼基相對應的是肌苷，這是腺苷去掉胺基的形式，它可與其餘三種鹼基任一個配對。克里克抓住這點，認為是第三個鹼基可能設計成「彈性運用」的進一步證據——可以搖擺。這樣也使得一種轉移RNA可以搭配好幾種密碼子，因此不同的密碼子可以代表同一種胺基酸。（以細菌為例，大約有四十種不同的轉移RNA用來搭配六十一種密碼子，因為有搖擺現象。）到了一九六五年中，克里克的「搖擺假說」已寫成草稿，流傳在有識之士當中。根據他的推斷，基本上，「對我來說，初步的證據似乎相當支持這個理論。如果證實這個理論為真，我不會感到驚訝。」在一些遺傳學史學者眼中，克里克能夠洞悉「搖擺現象」，正是他具有天賦英才的決定性證據；這不是很複雜的觀點，但有那麼多人投入同一領域，克里克是看出這點的第一人。

如同早先的雙螺旋競賽，研究密碼的各個實驗室之間也有充滿怒氣的競賽氛圍。奈倫柏格先與馬泰依鬧翻，沒多久後又和柯阮納鬧翻；克里克插手其間，而這種做法誠屬不智。一九六六年底，他指責奈倫柏格不聲不響將一篇論文「悄悄送出」，在《美國國家科學院學報》刊出三聯體的結合結果，分明是要搶在柯阮納之前居功。克里克寫道：

很不巧地，過去我也曾涉入如此一般的不愉快場面（作者注：他多半是指膠原蛋白的爭議而非DNA），而我發現，一個人不盡然能理解其他人如何看待他的所作所為，一旦面臨要搶得機先的緊要關頭，往往會做出錯誤的判斷。然而光從表面看來，我覺得你同時欠我和柯阮納一個解釋，或者是道歉。

聽聞這項指責，奈倫柏格暴跳如雷，他說那些結果已經做出來很久了，只是一直抽不出時間寫成論文。他說，克里克說他要搶得機先的指責是「完全、絕對錯誤——所有方面都錯了——而且根本是胡亂指控。」克里克認輸，但不忘來個臨別一槍：

放輕鬆！放輕鬆！我也不相信你會煞費苦心耍這種不正當的手段，但我必須提醒你，外界會如何看待這類事情……你必須了解，無論對或錯，總之你的《美國國家科學院學報》論文刊出後，柯阮納很不開心……我能體諒你想把早已做完的研究寫成論文，布瑞納和我也常有類似的困擾。我想，若要把東西即時快速寫出來，通常要付出一點代價。

到了一九六六年初，所有密碼都已解出，只剩一組待解，是UGA。五月五日，克里克在英國皇家學會的「克魯年講座」發表演講，詳細說明解開密碼的每一個步驟，接著得意洋洋展示最終的圖表，只在尚未屈服的「UGA」處劃上橫線。當天參加克魯年講座的人們離開時，心中都覺得自己參與了歷史性的一刻。一個月後，克里克又前往美國冷泉港實驗室，慶祝和得意的心情依舊。會議一開始，他便做了精彩的演講，題目是〈遺傳密碼，昨日、今日與明日〉，為了「將兩種重要的聚合物語言連接起來」而喝采，最後並向當年所有懷疑過他的人重擊一拳：「即使心存懷疑的人，此後也很難不接受分子生物學裡面這些基本假設了。」會議結束之時正逢克里克的五十歲生日，於是華生和哈佛研究學者沙區開車到列維鎮的「娛樂無限公司」，在相簿中挑選一番，最後選了「菲菲」，請她到布拉克佛大樓的露台上，等到派對高潮時，從生日蛋糕裡面跳出來。僅此一次，克里克樂於「接受一位另類模特兒的挑戰」，一位參加派對的人這麼說。

雙螺旋的結構指出一種可能性，即有一套簡單的密碼位居整個生物學的核心，如今這已是事證確鑿。小小一張表格的內容便是生命的祕密——或者該說等到UGA破解後便是。到了十月底，最後一步終於達成。先前，布瑞納的實驗室破解了前兩種「停止」密碼，也解開噬菌體一些致命突變的謎團，這些突變即使誘發進一步突變也無法回復。後來有一天，芭內特再次測試其中一種稱為「蛋白石」的突變，她發現若用一種「誘變劑」使G變成A，則「蛋白石」會回復為「赭石」。既然「赭石」是UAA，那麼「蛋白石」就是UGA了（不可能是UAG，因為UAG不會是致命突變）。進行更多實驗後，很快便證實UGA是第三個終止密碼子；這項成果出自芭內特之手，她是沉默的技術員，也是將生命拼圖的最後一塊圖案放置定位的人。在這項發現中，克里克並沒有實質的貢獻，不過他的名字赫然出現在論文上。他詢問為什麼，布瑞納告訴他：「因為你一直嘮叨個不停。」

這一次與十三年前不同，並沒有所謂「重大發現」時刻，也沒有任何一個團隊脫穎而出贏得勝利，有的只是五年來的辛苦努力終於結束，而在此之前，參與的一群人歷經長達八年的猜測與挫折，不過最後的結果從許多方面來看，皆可與雙螺旋並列

遺傳密碼表，此爲一九六六年克里克提出的格式

三聯體密碼的第二個字

三聯體密碼的第一個字（左）；三聯體密碼的第三個字（右）

<table>
<tr><th></th><th>U</th><th>C</th><th>A</th><th>G</th><th></th></tr>
<tr><td rowspan="4">U</td><td rowspan="2">苯丙胺酸</td><td rowspan="4">絲胺酸</td><td rowspan="2">酪胺酸</td><td rowspan="2">胱胺酸</td><td>U</td></tr>
<tr><td>C</td></tr>
<tr><td rowspan="2">白胺酸</td><td>終止</td><td>終止</td><td>A</td></tr>
<tr><td>終止</td><td>色胺酸</td><td>G</td></tr>
<tr><td rowspan="4">C</td><td rowspan="4">白胺酸</td><td rowspan="4">脯胺酸</td><td rowspan="2">組胺酸</td><td rowspan="4">精胺酸</td><td>U</td></tr>
<tr><td>C</td></tr>
<tr><td rowspan="2">麩醯胺酸</td><td>A</td></tr>
<tr><td>G</td></tr>
<tr><td rowspan="4">A</td><td rowspan="2">異白胺酸</td><td rowspan="4">羥丁胺酸</td><td rowspan="2">天冬醯胺酸</td><td rowspan="2">絲胺酸</td><td>U</td></tr>
<tr><td>C</td></tr>
<tr><td rowspan="2">甲硫胺酸*</td><td rowspan="2">離胺酸</td><td rowspan="2">精胺酸</td><td>A</td></tr>
<tr><td>G</td></tr>
<tr><td rowspan="4">G</td><td rowspan="4">纈胺酸</td><td rowspan="4">丙胺酸</td><td rowspan="2">天冬胺酸</td><td rowspan="4">甘胺酸</td><td>U</td></tr>
<tr><td>C</td></tr>
<tr><td rowspan="2">麩胺酸</td><td>A</td></tr>
<tr><td>G</td></tr>
</table>

*也作為「起始」

為同等偉大的成就。在這整個故事中，如果說奈倫柏格是為首的實驗專家，克里克必然是為首的理論學家。正如作家賈德森所言：「透過頭腦、機智、個性的氣度、話語的力度、智慧的魅力與挖苦、大量的旅行和無盡的書信往返，克里克統整著許多生物學家的研究，訓練他們的思考，調停他們之間的意見分歧，交流他們的研究結果並進行詮釋。」但克里克第一個跳出來承認，遺傳密碼研究是由實驗方獲勝，而非理論一方。從伽莫夫開始，一直到無逗點密碼，種種徒呼負負的猜測幾乎沒什麼貢獻。這一切讓克里克益發相信，在科學研究之中，理論必然是實驗的僕人。

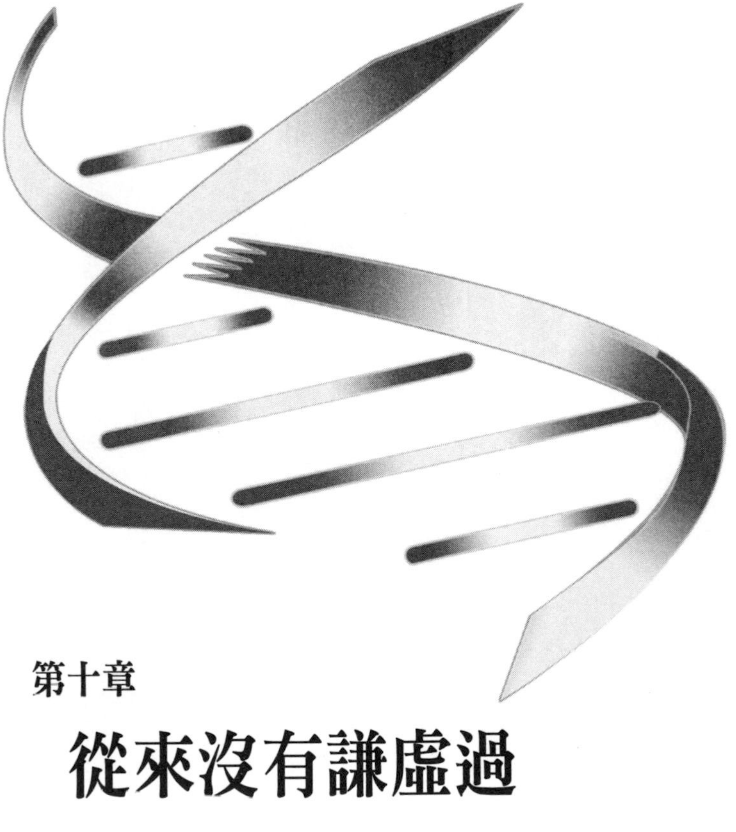

第十章

從來沒有謙虛過

一九六六年二月，克里克受邀前往美國西雅圖的華盛頓大學發表一系列演講，那年稍後，演講內容集結成他的第一本著作。他希望將書名定為《生機論滅亡了嗎？》，但是華盛頓大學出版社告訴他，在美國沒有人知道「生機論」是什麼，最後決定呼應史坦貝克（他與克里克同於一九六二年獲頒諾貝爾獎）的小說《人鼠之間》，將書名定為《人與分子之間》。克里克在這系列演講中指出，談到「何謂生命」，一些人相信必須用機械力與化學之外的力量來解釋，而遺傳密碼足以消滅這所有的藉口。生機論者認為生命的核心有某種神祕且必不可少的事物，這樣的信念代代相傳、堅不可摧，其中以法國哲學家柏格森的「生命動力」說法最為人所知。遲至一九五八年，美國馬里蘭大學頗有名氣的物理學家埃爾塞瑟還曾寫了一本書說，根據他的計算，精子與卵沒有空間能容納構成生物體所需的足夠訊息，因此除了化學以外還需要某種事物——某種「生激力」。

克里克的目標便是要消滅這種無意義的論點。他以化學和物理術語來描述基因的運作方式，從而回答他於二十年前向自己提出的問題：「我們觀察到的生命與無生命之間的界線，其實不難用物理和化學術語來解釋。」生機論者堅稱生命的起源和人類的意識均有某種超然物外的力量，克里克深信他們必將節節敗退，因此他將這個主題設定為自己下一階段的目標。克里克書中的最後一行如此寫道：「如果各位還有人自認為生機論者，我會提出以下預言：『昨天所有人都相信，而且今天你還相信的事，到了明天只剩下怪胎才相信。』」

這本書的觀點廣獲大眾接受。克魯格寫道，他很欽佩克里克的勇氣與坦率，敢於批評物理學界新興的生機論者：「來自那些人的源源砲火可是很驚人的。」克里克認為「意識」總有一天可用一般的化學和物理定律來解釋，只不過生物學家缺乏信心，結果遭到老資格的英國遺傳學家瓦丁頓的嚴厲批評。對此，克里克的回覆是這樣的：「只要能夠描述神經衝動的各種模式，特別是大腦的部分，甚至能將某些模式與特定念頭之間的關係描述清楚，我認為意識或認知就不再神祕了。」這正是他第一次提及後來所謂的「驚異的假說」。

三月，克里克從西雅圖返家後，奧蒂兒動了大拇趾外翻的手術，結果造成很嚴重的併發症，引發數次肺動脈栓塞，先在醫院治療許久，後來又在療養院住了好幾週，直到四月初才返家。繼而在三月八日，克里克唯一的弟弟東尼過世了，得年四十七歲。東尼早在一九四八年便移民到紐西蘭，因為他不滿英國把醫療事業國有化的制度。他在密德塞斯醫院接受醫學教育，曾在北非、義大利和希臘擔任軍醫，後來完成放射線專科醫師的訓練。他在紐西蘭的奧克蘭是不僅是醫學界的知名人物，還參加紐西蘭皇家快艇隊，擁有一艘快艇名為「冥后珀瑟芬」。他的一位同事寫道：「只要他那高個子一出現，診斷會議就會變得很刺激，邏輯不嚴謹的人也忙著掩飾。」他充滿傳奇色彩，總是直搗問題核心，擅長大笑——東尼一點也不遜於他的老哥。法蘭西斯已經有許多年沒見到他了。

除了痛失唯一手足的悲傷，克里克也不免注意到家中男性普遍都不長命：他的祖父得年四十七，父親活到六十歲，現在弟弟也只活了四十七歲。值此一九六六年之時，也許是驚覺死亡逐漸逼近之故，雖然克里克的事業攀到最高峰，卻也與人爆發了嚴重而痛苦的爭執，對象是華生。一九六二年，華生已開始撰寫一本關於發現雙螺旋的書。那年夏天，他在伍茲赫爾開始執筆，而且對自己寫的開首第一個句子非常滿意：「我從未見到法蘭西斯謙虛過。」一陣子之後，他把寫書的事情擱到一邊，轉而草擬一本後來廣獲讚譽的分子生物學教科書。直到一九六五年的教職輪休年，華生前往劍橋，才又重拾雙螺旋這本書。他受到女小說家娜歐蜜・米奇森的鼓勵，華生造訪蘇格蘭西部時住在米奇森家中，位於琴泰岬半島的卡拉戴爾村；米奇森告訴他，寫故事要儘可能直言不諱，而他也很快就把初稿寫完了。華生將書名取為《誠實的吉姆》，對於發生在一九五一到一九五三年間的的事件做了坦白直率、令人消除敵意的描述，刻意透過一個天真的美國中西部人之眼，大剌剌地刻畫幾位主要人物，特別是作者本人。書名有點呼應小說家康拉德的《吉姆爺》[1]，但更像是取自艾米斯的小說《幸運的吉姆》[2]。在華生的書中，吉姆走得跌跌撞撞，最後矇到大勝利，情節恰與艾米斯的小說如出一轍，差別只在於前者沒得到心愛的女孩。在此之前，從未有人寫過像華生這樣「非虛構的小說」；按照慣例，科學寫作會以莊重的筆調描述發現過程，得到的科學事實是由英雄所締造，而非一群有缺點的人類通過充滿競爭、錯誤的亂局而獲致。

一九六五年十一月，華生寄了新書草稿給克里克。那年冬天，克里克正忙於密碼問題，這是一部分原因，另一部分原因則是他看了一些內容覺得不喜歡，也就擱著沒繼續讀，直到隔年三月華生又催促一次。這一回，克里克寄了一張勘誤清單和批評意見給華生，舉例來說：「你的意思是說，凱斯學院的院士們不喜歡有我在場，是因為

1 中文本由陳蒼多譯。臺北：桂冠，一九九四。

2 中文本由陳蒼多譯。臺北：新雨，二〇〇〇。

我的笑聲。我懷疑你有任何證據能夠證明，因為我在凱斯學院的初期根本像老鼠一樣安靜。」不過在這個階段，沒有跡象顯示克里克不同意整個出書計畫；他的語氣有點惱怒，但還算冷靜：

就某種角度來看，你說的或許沒錯，但是……如果仔細看，會發現這本書令事實失真。……你的書寫出一個好故事，特別是將你在那段時間做了什麼事情寫得生動鮮活，但我在書中沒有讀到我們的研究所得出的智識結論。

克里克承認，他自己曾於兩次演講談到雙螺旋的發現故事，不過他的演講「沒有那麼多八卦」。

隨後克里克便啟程前往地中海。他的頭上戴著英國皇家海軍帽，可是對船隻引擎幾乎一無所知，就這樣和奧蒂兒一起駕著新買的動力遊艇，從義大利的巴里啟航，橫越亞德里亞海，穿過希臘的科林斯海峽抵達斯佩察島，到當地參加一個以分子與細胞生物學為題的科學暑期學校，那是由葛恩柏—梅納果發起的。接著，他將遊艇留在希臘的皮里亞斯港，準備於一九六七年四月回到這裡，並與莫諾在薩摩斯島碰面；沒想到後來希臘發生軍事政變，這項計畫只得放棄。

華生的第二份草稿重新取名為《鹼基對》，於九月送到克里克手上，結果新書名引來克里克的長篇撻伐（「我看不出為何我該被叫作鹼基」），但他仍未明確表示反對出版。然而不到一星期後，克里克再次寫信給華生，說他現在希望華生千萬別出版，說這本書「既無學術水準，也非紀實之作」，只不過是一面之詞，太過天真幼稚，也會造成一種先入為主的印象，令人認為科學界的團隊合作是危險的。為了解釋為何突然改變心意，克里克又說：「我先前一直很清楚地對你說，我不喜歡你這本書的整個想法，也因這個理由而拒絕閱讀較早的草稿。」但在一週之內、兩封信之間，究竟是什麼原因令克里克轉變態度？答案是克里克與韋爾金斯碰了面，與他討論過這本書，兩人激起彼此對華生草稿的怒氣。接著，兩人的律師寫信給哈佛校長普西，威脅說哈佛大學出版社若出版這本書，他們將採取法律行動。

華生回信給克里克時寫道：

我不認為我的書有任何一丁點破壞你名譽的地方。你的個性非常鮮明，若有人要寫你在科學方面的成就，免不了會提起這一點。在早期的劍橋歲月，不少人認為你話太多，特別是關於某些議題，他們認為你的能力和見解很有限。但既然他們都錯了，此刻說你科學生涯的驚人成就向來沒有獲得所有人的支持，我看不出來這樣對你有何害處。

同一時間，機靈的華生知道小布拉格可能比克里克更不喜歡他的寫法，於是他邀請小布拉格為這本書寫序，這樣一來，克里克和韋爾金斯就無法爭取小布拉格的支持，一起逼使華生不要出書。事實上，小布拉格多年來一直努力掙脫父親的陰影，而他認為華生仍屈居克里克的陰影下，也就對於幫助華生很感興趣。於是小布拉格寫信給克里克，承認華生確實令他「消除敵意」，也說服他認為這本書固然無禮，卻也是「歐洲對一個美國年輕人產生影響的美好例子」。克里克回信的用語十分辛辣，說他並沒有反對華生書寫歐洲對他帶來的影響，然後他又提醒小布拉格，一九五四年華生曾經不讓克里克去廣播電台講DNA，而當時小布拉格曾告訴克里克，如果沒有華生的允許，他就不該去電台講；於是，小布拉格想必應該同意，此時若無克里克的允許，華生也不該出版他的書。

到了這時，克里克對整件事的怒氣衝到最高點，整個冬天有一堆信件飛來又返去。一九六七年四月，華生的最新版書稿再次寄來（這時書名又改回《誠實的吉姆》），克里克再也無法保持平靜。事實上，他氣炸了。他寫了一封長達六頁的回信，同時寄了副本給哈佛大學校長，華生認為這封信遠比書裡的任何內容更破壞名譽：

> 如果你堅持認為你的書是歷史，那麼我應該補充一點，你的書充滿天真、自負的觀點，幾乎無法信賴。很明顯的，與你或你的反應有關的任何事才具有歷史意義，其他事情則無關緊要。更誇張的是，科學發現的歷史竟然用八卦形式來展現。任何與智識相關之事，包括當時我們認為最重要的事物，在書中都一一跳過或受到忽略。你的歷史觀點大約與低級的婦女雜誌相差不遠……
>
> 有一位精神科醫師看過你收藏的照片[3]，他說這只可能是由痛恨女性的男人所收藏。同樣的，另一位精神科醫師讀過《誠實的吉姆》，他說從中顯現最強烈的是你對你妹妹的愛。當年你在劍橋工作時，這一點也廣受朋友們討論，不過至今他們仍克制

---

3 華生是個熱切的藝術收藏家。

自己不要把這件事寫出來……

簡而言之，我反對一本大量侵犯本人隱私的書籍廣泛傳播，而面對如此破壞友誼的事情，我尚未聽到任何適當的辯解。如果你執意出書，撇開我的反對不談，歷史也會譴責你的。

究竟什麼事讓克里克如此厭惡？很難相信華生對他的描述有這麼傷人。畢竟，儘管書中嘲笑克里克「從未謙虛過」，儘管書中充滿了離題的嘲笑話語，這本書的英雄還是克里克，這位未獲賞識的天才贏得敘事者的讚美與欽羨，最終也奪取了桂冠金盃。書中或許有一、兩句話意指克里克習慣與漂亮女人調情，而這可能惹得奧蒂兒不高興，但克里克在《名人錄》書中列舉自己的嗜好為「談話，特別是和漂亮女人談話」，所以這對奧蒂兒來說早已不是新聞。其次，華生寫書時沒有選擇讓克里克列為共同作者，很可能讓克里克忿忿不平，但應該沒這麼嚴重。也不是因為克里克的罪惡感作祟，這是說他和華生在不知情的狀況下用了富蘭克林的數據。這件事向來都是華生比較在意。（「誠實的吉姆」這句話出自國王學院研究人員席德之口。一九五五年，他在阿爾卑斯山遇見華生，準備繼續滑下山坡前，他曾以非常諷刺的口吻問道：

「誠實的吉姆近來可好？」」）華生之所以寫這本書，確實有一點為內心的歉疚尋求諒解的味道；他最初的想法是在《紐約客》雜誌刊登一篇分成兩部分的文章，篇名是〈一項憾事的編年史〉。然而克里克面對國王學院一點歉疚都沒有，他認為這項發現才是真正重要的，誰發現的並不重要；科學研究結果並非私人專屬的財產。

對於《誠實的吉姆》，克里克真正在意的，很可能是他們的成就受到貶抑。別看他一副活力充沛的模樣，骨子裡其實是非常嚴肅的。早在一九四〇年代，他就和克萊瑟爾一樣與「風趣」絕緣，不為任何理由。他認為自己潛心於追尋偉大真理，非常努力工作，花費在閱讀、計算和洞察問題的時間極為漫長，這些付出都是為了「做出偉大發現」；而今，整個世界對於這項追尋的看法，彷彿只是又一齣肥皂劇罷了。幾年後，一次接受英國廣播公司第三廣播網現場直播訪問時，克里克對華生說：「聽起來好像隨便什麼人都做得出來。」華生給人的印象是：科學是穿插在派對與網球賽之間的一場遊戲。此外，克里克的評論帶了一點極端保守的調調，他想看到的是充滿學術氣息的正經敘述。而華生想寫的則是六〇年代那種吊兒郎當的小說筆調，對缺點毫不掩飾。往後，克里克為這樣的對比做了很好的詮釋：「華生的主要目的是想顯示科學家也是人，這件事只有科學家深以為是，但在當時，一般大眾顯然不做如是想。」

這場對抗一直延續到一九六七年春天，華生的盟友越來越多，使得克里克益形孤立。許多人不喜歡這本書，包括比魯茲和鮑林在內，但是只有韋爾金斯與克里克堅持原本的立場；而韋爾金斯維持他的本色，讓克里克自己出面對抗。小布拉格也不會收回他寫的序，不過確實做了修改。除此之外，其實在前後幾版的草稿上，華生只改正許多無傷大雅的錯字，幾乎沒有做大幅度的更動，唯有一章刪除了，那章談到一九五二年夏天他在阿爾卑斯山的見聞。純就內容本身來看，這本書無疑非常成功，有個性鮮明的人物、取材自真實事件的誠信與背叛，並由令人興奮的情節支撐起戲劇化的結局。《自然》期刊主編麥道斯表示這本書「做了很有價值與細膩的描述，讓我們知道人與人的互動足可影響重要事件的發展」，他也預告將邀請克里克或韋爾金斯撰寫書評，「那應該也很有意思。」柏貝克學院的伯納說他讀到不忍釋卷，並用極為諷刺的語氣描述這本書，說它「暴露出偉大科學發現背後那些不光彩的蠢事。」

克里克依然頑強抵抗。六月，他似乎獲得勝利，哈佛校長普西命令哈佛大學出版社不得繼續進行出版流程，因為他不希望學校捲入「科學家之間的跨國爭議」。於是，這本書的編輯萊柏維茲寫信給華生，為了這項「不幸的決定」向他致歉，並建議華生那年夏天在冷泉港「以冷淡的態度忽視克里克的存在」，還加上一句：「如果情況糟到不能再糟，再加上我一份。」然而，普西的決定不僅沒有發揮嚇阻效用，反而促成這本書的出版（此時書名改叫《雙螺旋》），因為華生立刻去找商業出版社，是新近成立的雅典娜出版社；他們先尋求法律諮詢，想知道這本書是否涉及誹謗。（根據律師所言，大部分都沒問題，不過他們努力說服華生把第一個句子改成「我不記得曾見到克里克謙虛過」，但是徒勞無功。）這本書於一九六八年二月出版，大眾確實對於這本書暴露出科學的人性面而大感震驚，不過仍獲得書評讚譽與暢銷佳績。生物學家梅達華在《紐約時報書評》稱之為經典作品，並以敏銳的觀察指出，華生那自然不做作的坦率作風令他免受責難，因為「比起他宣稱在別人身上看出的缺點，其實他暴露出自己的缺點才多呢」。《雙螺旋》[4]已售出超過一百萬冊。

這本書大獲成功，漸漸令得克里克的憤怒逐漸淡去。有好一陣子，他和布瑞納計畫寫一本書來展現克里克的復仇，兩人經常在辦公室拋出一些可能用上的書名，像是「鬆螺旋」、「比一千個吉姆聰明」、「潑婦博士」等。克里克甚至起了個頭：「吉姆老是笨手笨腳的，別人只看過他剝橘子。」但他其實意不在此，他不會讓怒氣長久

4 中文本由陳正萱、張項譯。臺北：時報文化，一九九八。

累積；華生也不會。一九六九年夏天，華生和新婚妻子伊莉莎白前來「金螺旋」拜訪克里克；三年後，於一九七二年八月，華生和克里克一起為英國廣播公司錄製一個電視節目，重遊劍橋時代兩人經常出沒的地方，包括老鷹酒吧。克里克甚至稱許《雙螺旋》這本書的優點：

如今我很讚佩華生的好文筆，不僅讓這本書讀起來像偵探小說（不少人對我說他們讀得不忍釋卷），沒想到也盡力含括了大量科學內容。

在那些年間，經受過克里克毒舌的老友不只華生一人。唐納修以前曾和克里克共用辦公室，後來質疑起雙螺旋的正確性，兩人曾針對結晶學爆發激烈爭辯，最後克里克指出：「我很滿意地確信，你還沒能適切掌握螺旋的繞射理論。」一九七四年，生化學家黎奇也接到一項憤怒的指控，說他對於轉移RNA結構的研究涉嫌抄襲，指控內容一開始就說：「你的名聲爛透了。克魯格確信，一旦你推算出他所做的結構細節，必將試圖以你自己的名義發表。而結果正是如此。」歷經六個月時間、無數的長信往返後，克里克終於撤回抄襲的指控，兩人也漸漸不再聯繫，而黎奇和克魯格之間依舊彼此敵視。

克里克已經五十多歲了，卻依然擁抱六〇年代末的精神氛圍。他蓄著鬢角鬍，穿著大翻領，上衣非常花稍鮮豔。一九六七年，他加入一個非正式組織「身體」的集會，希望推動麻醉藥物合法化；他連同其他六十四人，包括歌手保羅‧麥卡尼和小說家葛林，在《泰晤士報》一頁全版廣告上共同署名，希望從寬量處那些被控持有大麻的人。克里克無疑偶爾會使用大麻和迷幻藥物ＬＳＤ，他會接觸ＬＳＤ是在一九六七年受到陶德的影響，他們是透過奧蒂兒的一位模特兒魯絲‧辛恩[5]介紹而認識。在肯丁頓的一個週末，陶德拿了一些瑞士製的ＬＳＤ給克里克，產生的效果令他大感驚奇，他開始搞不清楚平素熟悉的物品為何，似乎連時間的感受也改變了。他又使用了幾次，但從未涉入麻藥製造與販賣，後來的傳聞與事實不符。

到了一九六六年，ＬＳＤ列入非法藥物，陶德開始與兩家化學實驗室祕密合作製造ＬＳＤ而賺大錢，直到一九七七年才被捕入獄，判刑十三年。陶德的主要供應商是生化學家坎普，他後來宣稱克里克說他發現雙螺旋時曾使用ＬＳＤ（坎普是在克里克過世後

---

5 現為知名女演員。

透過朋友告訴一位記者，記者將之寫成文章刊登在英國報紙上）。這不可能是真的，不僅因為事屬三手傳播，也因為這種藥物在一九五三年之前很難取得；此外，陶德很確定他是第一個將藥物交給克里克的人，而陶德和奧蒂兒都不記得克里克曾與坎普見過面。總之，陶德、坎普和他們的同夥在眾目睽睽下遭到逮捕（即一九七七年著名的「茱莉行動」），當時克里克住在美國，但無論如何必定很不好受；詢問相關問題的所有記者都被他拒於門外。

克里克對於麻藥抱持自由派觀點，然而這種觀點並沒有延伸到其他方面。一九六六年，他的朋友安南接受倫敦大學學院院長一職而離開劍橋。安南希望頒發一項榮譽學位給克里克，但即使是由母校授與的學位，克里克也不願接受。退而求其次，安南終於說動了克里克，於一九六八年十月二十一日舉辦里克曼—高德利講座。這是克里克唯一一次針對政策議題公開發表看法，但不是很成功；安南和其他聽眾都對他的一些觀點非常吃驚。

那次講座內容沒有留下文字記錄，但可從克里克的筆記尋得蛛絲馬跡。如果筆記內容夠準確，他那次演講談到的問題包括人口、安樂死、麻藥的法律規範，當然也談到宗教，這在六〇年代末期是相當有代表性的議題。只要知道在六〇年代那十年間，世人還認為集體的強制行為是可以接受的，現今這一世代的人們莫不大呼不可思議。當時生態學家埃利希所著的《人口炸彈》一書甫出版，獲得極高的讚譽，但書中充滿了末世與厭世的調調。克里克的演講筆記也有類似的筆調：「人們是否有權決定他們想要擁有幾個小孩？答案必然為『否』——那麼該如何決定？是否應讓沙利多邁兒[6]存活下來？……哪些畸形兒能夠留下，又該由誰決定？（既然數量遠超過適當數目，何不提升品質？）」這些想法並非由他新創。早在一九六三年，汽巴基金會曾舉辦一場名為「人類與其未來」的會議，克里克的發言令布洛斯基和梅達華感到失望，他說他看不出「人類為何有權擁有小孩」，而為了防止遺傳方面較不適合的人們生育小孩，他認為有必要發行某種形式的執照，或者課以育嬰稅[7]。

在里克曼—高德利講座上，克里克對死亡也表達出赤裸裸的看法：

6 因母親服用沙利多邁鎮定劑而產下的缺肢嬰兒。

7 布洛斯基和梅達華兩位學者均參與了「人類與其未來」研討會。布洛斯基對優生學抱持懷疑態度，他認為克里克的主張必須建立在兩個前提之上：首先人類必須知道何謂遺傳上適合或不適合，其次我們要肯定用來篩選這些基因的方式是有效的。

何時應讓人們獲准死亡？……我們不能繼續認為所有的人類生命都是神聖的……嬰兒若要合法生下，應該等他們到了一定年齡，就說兩歲好了，必須通過社會的接受度測試才行。（我們是這樣對待汽車的，為何人類不行？）我們該不該制定「法定死亡年齡」（就像法定成年的年齡），例如訂在八十歲或八十五歲？當然不是說到時候你就得死！只表示你不再能適用某些昂貴的醫療處置。

而談到宗教，他的筆記是這樣寫的：「基督教或可在成人信徒之間私下傳播，但不該教導給年輕孩子。」

後來，克里克對於里克曼—高德利講座的內容感到後悔。他曾在晚年告訴我：「我想，倫敦大學學院的那場演講有點鹵莽草率。我知道不能用那種方式談，必須考慮人們的感受。而且你若要開始討論倫理議題，就要完全投入。」於是在一九七〇年代，當遺傳工程幾乎成為永不停歇的倫理爭議主題，而且在往後三十年間持續延燒時，有個人的聲音你絕對不會聽到，那就是克里克。

然而他並非全然置身事外，偶爾也會在遺傳決定論、智力和種族等議題參上一腳。他和許多生物學家一樣，對於廣獲接受的「後天環境重於先天遺傳」的看法不以為然，但他的意見相當極端。在倫敦大學學院演講的筆記中，他寫道：

> 一般認為教育重於一切，其實這亟需收集更多的資訊。完全沒道理。需要對剛出生就分開的同卵雙胞胎做更多研究。那麼，為何不讓所有雙胞胎在出生後便分離？收養很容易啊。（不需要強制，但可施加社會壓力和經濟上的誘因。）或者用藥物製造更多雙胞胎。

一九七〇年，克里克讀了統計學家皮爾森所寫，優生學之父高爾頓的傳記。他寫信給哈佛大學生物學家戴維斯，重申先前的主張，認為應該鼓勵雙胞胎的父母「捐出雙胞胎之一」。他又補充說：

> 我的其他建議是想解決一些不負責任的人們所引發的問題，特別是遺傳成分不佳卻又有一大堆多餘小孩的人。由於他們的不負責任，在我看來，唯一的解決之道是讓他們不能懷孕，我會建議收買他們。社會可能需要付給這些人也許一千英鎊現金，以及超過六十歲的人每週五英鎊的退休金。大家可能都知道，印度的收買方法是一部電

晶體收音機，而顯然有很多人拿了。

一年後，心理學家簡生先寫了宣稱「黑人的智商天生就低於白人」的著名文章，接著電晶體發明者蕭克利也激怒了多位美國國家科學院的同儕院士，因為他不斷敦促研究黑人與白人的智商高低。有七位國家科學院院士簽署一份聲明譴責蕭克利的言論，但克里克拒絕簽署，他倒是把自己名字簽在聲援簡生和蕭克利的聲明上，這份聲明名為「捍衛人類行為與遺傳方面的科學研究自由」。克里克寫信給哈佛生化學家艾德梭說：「我想，討論到美國白人與黑人的平均智商差異，很可能有一半以上的因素是由遺傳而來，而且不會因為環境中可預見的改變而獲得排除。此外，我認為這對社會發展的影響很可能相當嚴重，除非採取的對策能夠認清這個情形。」針對這個議題，他甚至考慮辭去美國國家科學院院士。「我相信你一定能夠了解，如果基於政治方面的因素，美國國家科學院決定採取積極的做法來約束可敬的科學研究，那麼我不可能保留海外院士頭銜。」

艾德梭回信提出反駁，他們不是反對做研究，而是反對因著政治動機、加速進行急就章的種族研究。另一位哈佛的演化生物學家麥爾簽署了第一項聲明，事實上他也寫信給克里克，指出蕭克利把焦點放在種族問題，其實會妨礙比較「正面」的優生學研究，他很久以前就贊成做這樣的研究，但是遭到自由生育的主張所阻擋，「幸虧這種自由遲早都會遭到廢止，如果我們不想淹死在人群裡的話。」克里克的回信包含了奇怪的說法：「關於白人和黑人究竟誰比較優秀，其實我自己並沒有特別強烈的偏好。要說我有偏見，那也是討厭窮人而喜歡富人，但這種態度幾乎同樣是多數人不能接受的。」幾年後，他寫給梅達華爵士的信上再度詳述這個觀點：「我當然不是說只有非常富有或非常聰明的人才應生小孩（這是什麼想法啊！），但大體上可鼓勵上層和中上階層家庭平均生育三或四個小孩，而勞動階級和顯然頭腦遲鈍不正常的人不要生育，或生一個就好。」梅達華只簡短回覆，他這種計畫正是烏托邦式社會工程的範例，當時剛由哲學家波柏所著的《開放社會及其敵人》[8]提出並嚴加駁斥。於是，克里克不再試著將他的優生學想法推銷給其他人了。

寫有「諾貝爾獎得主克里克支持簡生的種族理論」的傳單到處散播，恰好是克里克於一九七三年在西雅圖發表演講之時。但除此之外，值得注意的是，克里克儘可能

8 中文本由莊文瑞、李英明編譯。臺北：桂冠，一九九二。

避免涉入公眾議題的爭論，即使他抱持很強烈的意見。例如在一九六〇到七〇年代，全球人口可能爆炸的憂慮不斷蔓延，於是對於物種消失的舊時憂慮再度抬頭。說來難堪，事實證明科學家若涉入政治上的論辯，往往會舉起烏托邦大旗，讓集體利益至上、偏狹不開明的手法顯得合理。

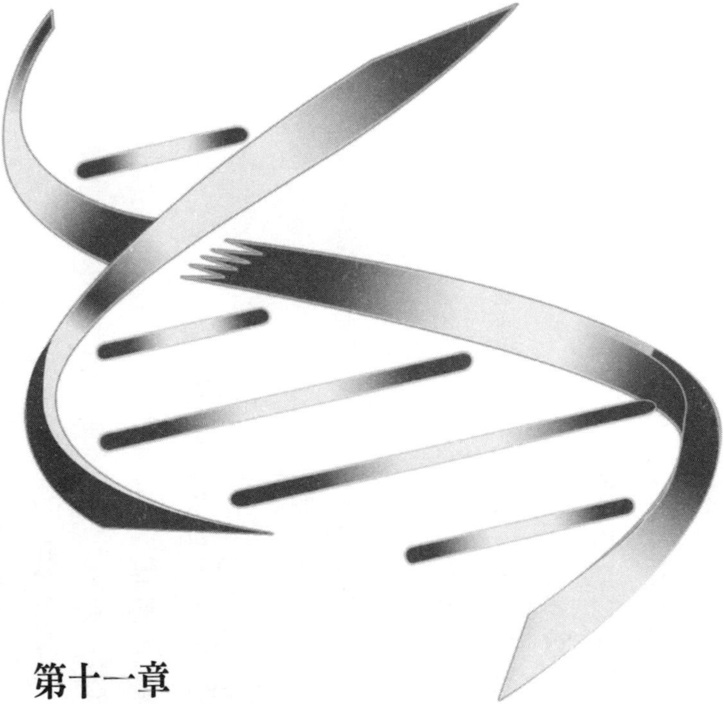

第十一章

外太空

如今，克里克的生活已形成固定的模式。二月，你可以在沙克研究院找到他，沐浴在加州陽光和科學界八卦傳聞之中，或者有時候出現在摩洛哥的馬拉喀什；七月或八月則會看見他出現在希臘諸島，待在自己的船上。在「天堂之眼號」船上過夜是很辛苦的：嘉貝麗和賈桂琳睡在架式床鋪上，有時候會滾到克里克和奧蒂兒身上，因為夫婦倆以中間的桌面當作床鋪。克里克老愛在引擎那邊忙東忙西，但他的敏捷度與一磅香腸差不多（這是賈桂琳的形容用詞），根本是白忙一場，而他一旦遭人取笑，脾氣就變得很暴躁。由於心有不甘，他會在清晨四點叫醒船員，沒等到起風就急著上路。他們會泊錨於無人的小海灣，下水浮潛一番，或者停進港口內，到小酒館大快朵頤。

克里克經常將希臘假期結合斯佩察島的暑期學校，在那裡待上兩週。說到他與斯佩察島的淵源，最早是於一九六六年參加在此舉辦的研討會，那次的主要目的是想把船開到希臘。不過在會議期間，大家請求「借用他的名字」籌辦下次研討會。隔年，一群希臘的上校軍官發動政變，暑期學校不得不取消，而且一九六八年也沒有恢復舉行，不過這倒是沒有妨礙克里克一家人的出遊計畫，那年他們仍在許德拉島的山丘上租了一棟度假別墅。一九六九年，克里克發現自己默默成為主要籌辦者之一。他的一些同行，特別是法國人，認為目前的希臘政權忽視學術發展，而且凌虐政治犯，應該發動抵制。克里克不以為然，他認為這樣將導致希臘益發孤立，也會傷害到無辜的希臘學術界，而且他們一方面抵制希臘，一方面卻仍計畫前往各地旅行，例如馬德里、華沙，或者（套用克里克式的口吻）梵諦岡，根本是一種偽善的舉動。他寫信給法國分子生物學家葛羅斯說，若政治方面的殘忍暴行是一個評判標準，事實上，「我們有些人會質疑該不該去巴黎。」

到最後，克里克取得希臘政府的承諾，當局同意發出簽證給所有受邀的參加人員（包括來自鐵幕國家的十五人），也不會派遣政府官員前來致詞，於是一九六九年的會議繼續籌辦。克里克自己則是退還了開幕式的經費。（克里克後來寫信給一位同行說：「你會發現，這項行動對財務方面的主要影響，是把五百元從我們口袋轉移到那些上校軍官的口袋內。」）那年十月，克里克和莫諾起草了一封措詞含糊的信，準備寄給《自然》期刊，由他們兩人和其他幾人署名，主要是談未來應該如何處理這樣的議題；這封信沒有引起太大的迴響。一九七〇年會議延期到七一年舉辦，而且地點最後落在西西里島的厄里斯古城，而非斯佩察島。一九七二年，會議地點又回到斯佩察島。

一九六九年八月從希臘回國途中，克里克前往法國坎城找莫諾，住在莫諾的老家。莫諾曾在美國加州的波莫納學院發表一系列演講，並用英文將演講內容寫成書《偶然與必然》；後來他又用法文重新寫過，再翻譯回英文。這是一部哲學論辯，傾向於將天擇視為生命多樣性的由來，這部書以法文出版後，持續啟發了一整個世代的學生，令他們對法國知識份子仍舊擁抱其他形式的演化統制政策而感憤慨。這部書也對克里克產生巨大的影響，令他終於看清物理世界與生物世界的分別。如同他後來寫給克萊瑟爾的信上說道：「由於天擇顯現得如此精細巧妙，可知整個大自然盡由一系列小巧組件所組成。正是這一點，使之與物理學幾乎所有的重要問題有著極大差異。基本上，一個小組件若發生錯誤，未來皆可由改進過的組件做出修正。」

待在坎城時，一天早上，克里克花了很長的時間與莫諾討論新書草稿，然後登上莫諾的船，一起航行去科西嘉島。船上另有莫諾的兒子和繼女，去程一片風平浪靜。到了回程時，莫諾認為他們抵達聖托佩斯的時間剛好可以趕上夜總會開門營業，然而沒多久便碰上強風與大浪。克里克非常驚慌，看著莫諾用一條繩子把自己綁在船上，還小心翼翼詢問，萬一莫諾落水的話該怎麼辦。等到船隻入港時已是破曉時分，夜總會也準備打烊了。隔天，儘管一具引擎失靈，而且頂著強勁的北風，他們還是沿著海岸航行回到坎城。克里克非常羨慕莫諾的航行技術，應該也很羨慕莫諾的多才多藝；「他是科學家、哲學家、行動家和音樂家」，後來莫諾於一九七六年過世時，克里克在一篇訃文內寫了這樣一句話。莫諾從未像華生或布瑞納成為克里克的最佳拍檔，但他始終是克里克最欽佩的人。「我們的友誼不像那種年輕時混在一起的友誼，也沒有親密到彼此傾訴個人問題的程度。反之，我認為，我們的友誼奠基於一種穩固的欽佩之情，也能充分包容理解彼此的缺點。」而莫諾也曾對作家賈德森說：「沒有一個人發現或創造出分子生物學。不過有一個人在整個領域的知識方面占據重要地位，因為他知道得最多，也理解得最多。那個人是法蘭西斯．克里克。」無論如何，看著克里克戰戰兢兢地將船隻駛入港灣，莫諾曾經說道，如今他看到克里克謙虛過了。

透過一連串精明的房地產投資，克里克的財務狀況大有改善。他拆除了克羅夫特大宅，這棟大房子位於劍橋西南邊紐恩罕的巴頓路，是以前他的母親居住的房子，他將之改建成現代的公寓建築，總共有二十戶。這項投資有其風險，但是頗有獲利的潛力。帶著他特有的全盤思考，克里克貸了一大筆款項，全力投入這樁開發案，親自監督建築師，也開始銷售這些公寓。劍橋最大的房地產公司「道格拉斯．詹紐利」聽取報告後，對於克里克的生意頭腦印象深刻，甚至想給他一份工作。一九六七年，奧蒂兒為三間尚未售出的公寓做了裝潢設計，呈現出現代的丹麥風格；不久後，實驗室來了兩位博士後訪問學者，湯姆・史泰茲和瓊安・史泰茲[1]，他們成為住進公寓的第一批房客。此外，克里克在新市場路旁的昆騰路擁有另一間單人公寓，租了出去。

解決密碼問題後，克里克的注意力主要放在較高等生物染色體的基因結構（所謂「較高等」，指的是比細菌高等的生物）。有個問題從迷霧中逐漸浮現：DNA實在太多了。一九七二年，克里克在美國麻省理工學院發表兩場演講，如同他在演講時所做的歸納，人類的DNA比細菌多了將近一千倍，而蠑螈的DNA比青蛙或人類更是多了好幾十倍；要說造出蠑螈需要的基因比青蛙多了十倍，怎麼樣都顯得很不可能。即使基因組小如果蠅，其每個基因所包含的DNA數量，顯然比真正需要的多了至少三十倍。「關鍵的問題在於，這所有的DNA究竟做什麼用？」那究竟是「垃圾」，一種「演化的儲藏室」，或者用來調控基因的表現？

一九七一年，在西西里島舉辦的暑期學校裡，克里克想出一個巧妙的理論，認為基因的編碼序列呈現為直線的、「纖維狀的」長條DNA，形成染色體上一個個淡色的「中間帶」，至於調控序列則出現在暗色帶，那裡的DNA捲成「球狀」構造。他還特別想出一種「髮夾狀」的雙股DNA構造，可以從球狀部位轉動出來，而且髮夾尖端能夠解開，形成單股構造，於是可供蛋白質與之結合，進而調控基因的表現。後來證明這種球狀DNA的方案完全錯誤，猜測的部分實在太多了。而這個丟臉的失敗令人益發堅信，此時需要的是努力研究，而非靈光乍現；資料的收集才是王道，而非提出理論。除此之外，分子生物學家之間原本形成一個愜意的小社團，此時則轉變成一種廣布各地的大型工業，製造出大量的學術論文，連克里克都無法全盤掌握了。

克里克必須轉換研究領域。他做的仍屬分子生物學，不過已經開展出兩個新方向，而且思考與分析並重。第一個方向是：從受精卵開始研究胚胎的發育。布瑞納最近選擇了一種實驗動物，稱為線蟲，之所以選擇線蟲，一部分目的便是要追蹤從卵到成體的發育過程，然後在電腦上重建其神經系統。他和克里克開始招募一些優秀的獨立科學家，一起進行這方面研究。他們的招募技巧實在非常不正統。羅倫斯當時剛結束美國的工作回到英國，於劍橋的遺傳學系發表演講；克里克和布瑞納慕名而來，但他們未獲邀請，而且不但遲到，席間還不停竊竊私語。演講結束後，他們給羅倫斯一份工作。他們也請求數學家葛雷姆・米奇森前來面談，問了三個問題，首先是指認出

1 湯姆・史泰茲是二〇〇九年諾貝爾化學獎得主。

克里克放在桌上的東西，米奇森說那是狗的模型；事實上那是乙醇分子的模型。第二個問題是一個笑話，為了測知是否有幽默感。第三個問題是「你的雙手靈活嗎？」，得到的答案是「我會彈鋼琴」。米奇森也得到工作。

米奇森和威爾考斯準備研究藍綠藻，大約每十個藍綠藻細胞會有一個發生分化，形成能夠固氮的異形細胞。羅倫斯則研究生長在昆蟲體表甲殼上的毛，特別是會吸血的蝽象，主要目的是探究一種新的想法，即有些化學物質會在特定地方產生濃度梯度，為胚胎內的細胞提供所謂的「位置訊息」，於是可在這些地方長出腳，或手，或頭。羅倫斯認為，這種濃度梯度也許是產生身體「極性」的關鍵，也就是各個器官「知道」自己該往哪個方向生長。透過簡單的擴散作用，「形態發生素」這種化學分子從來源細胞向外擴散，克里克立刻對此很感興趣，著手計算這樣的濃度梯度究竟如何形成。他深入研究這種梯度需要擴散多遠的距離才行，並考慮細胞質內已知的擴散速率；他以前曾在史傳濟威研究細胞質的黏度，這下終於派上用場了。克里克把數學家蒙羅拉進來幫忙做計算，並要求羅倫斯定期把蝽象毛髮的濃度波動實驗數據印出來，互相辯論該如何解釋那些結果。克里克對於濃度梯度的執迷證實是正確的，不過一直要到一九八〇年代，科學界才真正找到這類形態發生素（多半是蛋白質，偶爾也有信使RNA），並找出製造它們的基因。

到了一九七〇年代初期，雙螺旋歡度二十歲生日，這時歷史學家終於開始感興趣了。一九七二年，發現雙螺旋的主角們（當然沒有富蘭克林）接受一個電視節目專訪，預計在英美兩國播出。製作過程中，一下子英國方面認為科學內容太少，一下子美國方面覺得太過科學，歷經幾度延宕，終於在一九七四年七月八日於英國廣播公司第二台播出，節目名稱是「競逐雙螺旋的比賽」，旁白由BBC的董事長親自擔綱。這位董事長是史旺爵士，以前是凱斯學院的生物學家，與克里克從史傳濟威時期開始便是朋友。

同一年，英國科學史學家歐比出版《通往雙螺旋之路》，對於DNA的歷史和發現前的歷史做了研究與記述，並由克里克撰寫序文。在序文裡，克里克對歐比頗多讚揚，認為歐比對科學的處理比華生「更認真仔細，也具有更高的知識水準」。有好幾年的時間，克里克與歐比的研究密切合作，甚至在一九七〇年二月，他還帶歐比前往北漢普頓拜訪姑姑溫妮費德。《雙螺旋》一書爆發爭議期間，克里克已經參與歐比的書有一段時間，他一度建議華生將《雙螺旋》的內容以某種形式納入歐比的書。一九六八年，作家賈德森（當時主要是《時代》雜誌記者）開始拜訪分子生物學諸位革命先驅，展開一系列長時間的訪問。那時候克里克遠在希臘，賈德森直到一九七一年才和他碰到面。賈德森發現訪問科學家是很愉悅的事，就和訪問披頭四與滾石合唱團一樣，因為他們有問必答，會把自己心裡所想和盤托出，與政治家不同；漸漸地，他匯集出一部極為精彩的口述歷史。一九七四年他移居劍橋，邀請克里克閱讀他的初稿。賈德森所著的《創世第八天》[2]終於出版，對一九五〇年代和六〇年代早期的事件做了簡明而深入的描繪，將會成為科學史的經典之作。在這本書的演員表上，克里克領銜主演。

同一時間，在實驗室內，布瑞納突然對電腦非常著迷，常躲在沒有窗戶的地下室，為一部巨大的電腦設計程式。最初的計畫是要用電腦程式重建線蟲的發育過程，但漸漸地，機器本身變成他的興趣所在。布瑞納一抓到人就談起電腦軟體，開啟沒完沒了的冗長對話，其他同事們必須設想各種策略，把彼此從對話中解救出來。克里克對此毫無興趣，雖然他們之間揶揄依舊，但彼此的研究興趣已經走上不同的路了。

克里克的另一個新方向，則是研究生命的起源；在這方面，他的搭檔是歐加爾，如今歐加爾任職於沙克研究院。早在遺傳密碼完全解出之前，克里克便開始思索密碼的起源理論，認為密碼看似一個偶然凍結的事件，在某個時候由一種原始生物創造出來，從此再也不容改變，因為一個改變就會產生許多致命的突變。如今看來，我們全都是這樣一種生物的後代幾乎是確定的了，因為這套密碼幾乎是放諸四海皆適用。老實說，對於沒有任何一種採行其他密碼的生物存活下來，克里克感到很困惑；如同他所說，畢竟爬行類仍舊生活在滿是哺乳類的世界裡，為何沒有採行另一種密碼的生物以某種方式存活下來呢？在密碼逐漸成形的每一個步驟中，難道所有的其他類生物都因競爭而完全滅絕了？

克里克感到很興奮，因為他逐漸接近一種很有發展性的想法，將在一九八〇年代變得十分風行：「RNA世界」。相關的論點是這樣的，由於RNA可複製訊息（如同DNA），也可催化反應（如同蛋白質），因此若有生命形式是以RNA製造而成，很可能會優於以DNA、RNA、蛋白質製造而成的現代生命形式。他在一篇論文提及，轉移RNA「看似是大自然要讓RNA去做蛋白質工作的企圖」，而這類原始機制很可能「完全由RNA組成」。

一九七一年九月，克里克前往亞美尼亞首都葉勒凡，在布拉堪天文台參加一場

2 中文本由楊玉齡譯。臺北：遠流，二〇〇九。

研討會，主題是與外太空建立通訊。在那裡，他身處於一群科學界明星組成的閃耀銀河之中，召集人是天文學家薩根，熠熠星光包括宇宙學家戈德和德雷克、物理學家戴森和莫里森、神經科學家休伯爾、人工智慧先驅明斯基、雷射發明人湯斯、歷史學家麥克尼爾、人類學家理查・李，以及與克里克同領域的歐加爾和史坦特。這是一場奇異的研討會，特別是在國際緊張情勢初步緩和之際，與俄國人溝通起來簡直像與外星人溝通一樣奇特，雖然現場有一位非常傑出的同步雙向翻譯者，生化學家貝利茲基，他已讓溝通順暢許多了。一天晚上，晚餐桌上酒過三巡，克里克覺得自己喝醉了。他伸手拿來一個水壺，以為裡面裝的是水，倒了一杯，一飲而盡；等他發現時已經太遲了，那裡頭裝的是伏特加。

在布拉堪會議期間，克里克很清楚自己在討論生命起源與本質時所扮演的角色，他向在場專家們強調，生命必須能夠複製、能夠突變、能夠影響其所身處的環境。「大自然的策略是運用兩種語言，一種做為基因複製之用，另一種做為基因表現之用，並設計了一種極其複雜的裝置，把一種語言翻譯成另一種語言，最終結果便是我們的遺傳密碼。」

仔細思考遺傳密碼的普適性（它卻又讓生命顯得非常獨特、發生機率很低），並受到布拉堪瀰漫的冒險精神所鼓舞，克里克和歐加爾開始仔細討論一個想法；兩年後，這個想法在行星科學研究期刊《伊卡洛斯》的一篇文章達到成熟。這篇文章名為〈受到引導的泛種論〉，文中運用了清楚穩固的邏輯，穿插一些眼花撩亂的不確定資訊，例如雖然生命的發生機率很低，但宇宙中的行星數量非常龐大，所以生命很有可能出現在一些行星上，也有可能那裡比其他地方率先發展出進步的生命階段。先進的生命形式終將認為自己的星球會毀滅，若要跨越太空中的遙遠距離、移民到其他星球，最好的方法並非自己遷移過去，而是將細菌之類的簡單生命形式用火箭送出。既然宇宙的年齡至少是地球的兩倍，總是有可能（也許有一定的機率）在地球剛冷卻下來之時，某些其他的文明已然抵達，準備「傳染」給我們的星系。綜合上述，我們的祖先有可能並非在地球上生成，而是由其他地方來到這裡，由某種智慧生命形式刻意送來。這種論調聽來瘋狂，然而在當時，關於生命起源的所有理論聽起來同樣瘋狂。至於如何設計實驗來測試，克里克和歐加爾注意到，生物有許多重要酵素都需要「鉬」這種元素作為輔因子，而在地球岩石中，鉬是極為稀有的元素，含量遠遠不如其他元素如鉻和鎳，何況鉻和鎳也可參與大多數同樣的化學反應。我們全都來自富含「鉬」的行星也說不定。可惜針對這項論點，化學家很快便指出，海水中含有豐富的鉬。

對歐加爾來說，這種想法有點像是開玩笑，但克里克很當真。他的主要動機是想解釋密碼的普適性：

目前沒有一種生物具備不同的遺傳密碼，這實在令人略感驚訝。密碼的普適性自然承襲於生命起源的「傳染」理論。地球上的生命是由單一一組生物繁衍而來。

但他心裡明白，這頂多是個不甚周密的想法。

胚胎學很難用實驗來驗證，泛種論也僅是不著邊際的猜測。兩個主題都沒有抓住克里克的注意力，於是在七〇年代中期，他又回頭研究DNA的結構，突然間對組織蛋白非常著迷，這是讓染色體形成緊密結構的成分。聽說組織蛋白只有五種類型，其他二十多種則是合成後經過修飾作用才產生，克里克對此感到非常興奮，開始猜想DNA究竟如何纏繞住組織蛋白，形成所謂的核小體，而這份認識也逐漸闡明一件事，即著名的雙螺旋在染色體中極少以直線狀態存在，幾乎都呈捲曲狀。克魯格和孔伯格[3]正以結晶學方法研究這個主題，他們發現開始接獲連珠砲般的各種問題與建議。孔伯格算是很能解釋自己的研究結果了，但發現克里克一如往常解開了他的「填字遊戲」，他仍舊感到有點驚訝。如今情勢愈發明朗了，染色體是由一整階層的雙螺旋組成：DNA雙螺旋本身纏繞成一個個核小體，這些核小體一個接一個組合成更大的螺管狀，這螺管再捲曲形成更大的中空圓柱，如此一來，DNA塞進的空間比本身的長度小了一萬分之一。此時，克里克看出一個幾何方面的問題：將一條繩索或一條緞帶捲起來，你可以捲到多小？或捲成什麼形狀？拓樸學把這個問題稱為「超捲曲數」。克里克在這方面得到不少樂趣。他那看穿幾何配置的高超能力，如同研究螺旋繞射理論時所展現的，到了寫成論文時展露無疑；這篇論文原本取名為〈給觀鳥人的超捲曲數〉，呼應他於一九五一年答應要幫華生寫的一篇文章[4]。這篇新論文最後於一九七六年發表，名為〈連接數與核小體〉。克里克甚至嘗試將塑膠管扭轉後再扭成超捲曲狀。有一天，他讓窗戶半開，將管子一端用窗戶夾住固定，結果從窗戶飛進來的蜜蜂把他整慘了，

---

3 美國生化學家，研究DNA所含遺傳訊息複製到RNA的過程，因此獲頒二〇〇六年諾貝爾化學獎。

4 這是指「給觀鳥人的傅立葉轉換」。

還有點懷疑那些蜜蜂是一位技術員繁殖出來的。

然而在一九七〇年代這幾年，克里克有時候似乎沒什麼活力，一些同事認為他略顯抑鬱。一九七一年底，他休了兩個月的假，希望能從「工作過度」恢復過來。一九七三年，克里克前往美國華盛頓州（他兒子麥可和新婚妻子芭芭拉剛在那裡落腳）、夏威夷和佛羅里達進行一段長時間的旅行，不過取消了後續到賓州和田納西州的行程，而且必須住院幾天。他決定不再接受沙克研究院第三次的六年續聘，也開始告知其他人，往後他會回絕所有邀約，也會放棄所有不必要的遠行。他於一九七四年六月寫信給華生：「如今，我自己對緊張的科學競爭深痛惡絕，但仍認為科學本身是非常引人入勝的。」那年夏天，他連希臘的斯佩察島都沒有去。

問題的一部分出在健康狀況。他的喉嚨和胸腔斷斷續續感到極度不適，有時候甚至咳出血來。一九七五年有一天，他獨自一人住在倫敦一位朋友家，到了晚上突然變得非常不舒服；他叫了救護車，可是幾乎得在地上爬行才能打開門。救護車將他送往密德瑟斯醫院，診斷為食道括約肌緊縮，當天早上便動了手術；手術時間很長，而且非常複雜，一直延伸到食道與胃部相接的肌瓣處。奧蒂兒接到消息，從劍橋匆匆趕赴醫院，焦急地等了好幾個小時。克里克在加護病房住了好幾天，轉到普通病房又住了好一陣子。後來他不時受食道逆流之苦，有段時間還擔心可能得了癌症，但終究完全恢復健康，也開始重新計畫爆滿的遠行行程，彷彿什麼事也沒發生。一九七六年春天，他出現在瑞士、土耳其、伊朗和德國的各場研討會上，八月也見他重返斯佩察島。

接下來可以走的路（即大多數科學家到了生涯的這個階段會做的事），顯然是慢慢地官位愈做愈大，成為教授；或者執學院牛耳；或擔任政府機構、研究機構的首長，或接受皇家指派之職。一部分研究工作繼續進行，作為「他仍在經營自己的實驗室」的表示；而實際上，白天的工作內容不再是做出發現，而是管理與政治。華生已經走上這一步，不再活躍於學術研究，轉而擔任管理工作，成為冷泉港實驗室主任與募款人。克里克從來不想做這種事，唯一一次例外是在一九七五年十一月，有兩位凱斯學院的院士來找他，他們是醫學教授勒帕吉和詩人蒲齡恩，請他考慮繼李約瑟之後擔任凱斯學院院長。克里克同意讓他的名字列在候選名單上，但對這個提議考慮一個月之後，他和奧蒂兒都認為，管理這些爭吵不休的院士們、向富有的校友募集經費、啜飲雪莉酒，實在不足以吸引他投身其間。一九七六年一月，他退出候選資格。他真正需要的是每天早上醒來，好好想一想自然世界究竟是怎麼回事，而非思考人類世界究竟是怎麼運作的。

眼見華生和莫諾都出版了非常暢銷的著作，顯然克里克也需要寫一本書。事實上這令人感到相當驚訝，他到這時還沒寫過任何一本書，當然那本只有小冊子一般厚度、關於生機論的演講集《人與分子之間》不算。他具備流暢的表達能力，他的科學論文也是思路清晰的典範，然而他對自己的隱私太過在意，以致無法像華生那樣寫出主觀的事物；他也太過重視實際的經驗，以致無法像莫諾那樣涉入哲學領域。於是，他選擇為一家新近成立、專精於圖文書的出版社「ＤＫ」（Dorling Kingsley）寫一本給大眾看的書，先前ＤＫ曾邀請他為一本孩童科學書撰寫序文。克里克預計寫的主題是「尺度」，從原子到星系，比較各種事物的大小。一九七六年八月底，他終於完成第一份初稿《跟著法蘭西斯・克里克去旅行》，並寄給出版社。

此時，綜合了對自己健康的憂慮、六十大壽將近、英國稅制的嚴苛（連對國外產生的收入都如此），這所有事情同時湧至，令他開始思考是否應該移民，至少暫時移民。一九七五年九月，沙克研究院新任院長霍夫曼向克里克提出邀請，於輪休年在加州停留八個月。克里克向英國醫學研究委員會申請留職停薪，也開始研究如果他於六十歲生日前提早退休（那是一九八一年），退休金會如何計算。為了不讓英國對沙克研究院支付的薪酬課以稅金，他必須在國外持續獲聘至少一年，所以前往沙克研究院八個月、轉赴冷泉港一個月之後，他計畫再到丹麥的阿爾胡斯大學擔任三個月的訪問教授。這個時候，他的兩個女兒都已是雙十年華，奧蒂兒也自由了，可以考慮住到國外去。嘉貝麗仍住在劍橋，不過她就讀的學校是達汀頓藝術學院，位於德文郡的托尼斯，而賈桂琳在倫敦從事青少年社會工作；她們常取笑對方，既然兩人都還沒準備好離開家，她們的父母只好自己離開。

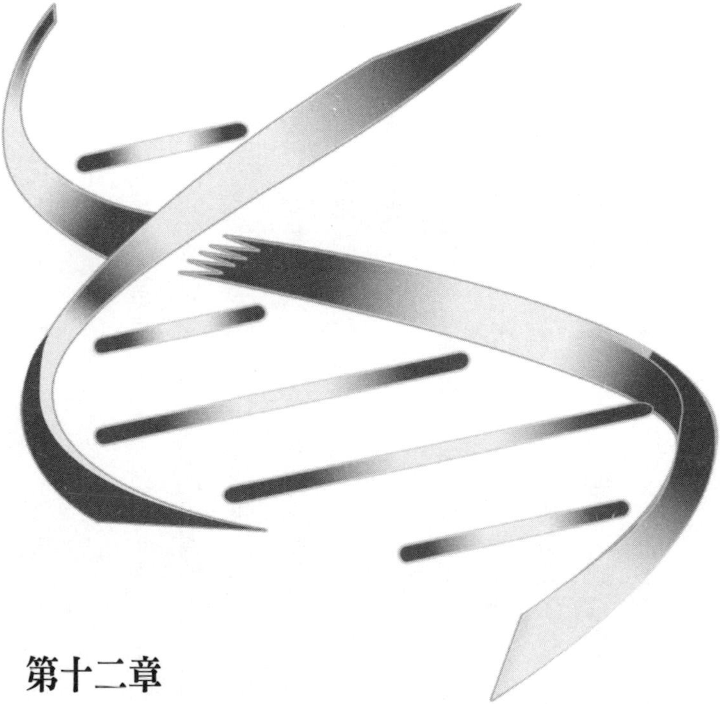

第十二章

加州

一九七六年九月十日，克里克夫婦搭機飛往美國加州。抵達那裡後，他們在拉荷雅的羅絲蘭路租了棟房子，買了車子，也考了加州的駕照。克里克在沙克研究院的第一場專題討論會是在九月二十三日舉行，主題是染色質，不久後另一場專題討論的主題是泛種論。隔年，沙克研究院給克里克一個終身職位，而且基克海佛基金會慷慨提供經費，讓克里克可邀請任何人從世界各地飛來此地，與他對話個幾星期。回英國的想法漸漸淡了，較之於一九七〇年代英國的無情，加州的陽光和勃勃生氣令人無法抗拒。此外，身為英國醫學研究委員會的一員，克里克即將年屆法定退休年齡，而一想到「退休」就令他害怕。於是在一九七七年三月三十一日，他從英國醫學研究委員會提早退休，正式成為沙克研究院的一員。

克里克原本一頭紅髮，如今已是白髮蒼蒼，髮際也已退至後腦勺，但他仍自豪於濃密的髮鬢，以及有如小白鼠般大的眉毛。由於多年來為免撞到頭，他總得彎身穿過每扇門，此時略微駝背，但一百八十五公分的身形依舊苗條，一雙藍眼仍然閃爍著興味盎然的神采。克里克夫婦從英國帶出為數不多的現金，以之在索拉娜海灘買了一戶公寓，劍橋的「金螺旋」則租給學生居住。位在肯丁頓的鄉村小屋又保留了好幾年，以便暑假回到英國時可以使用，例如一九七八年第一次回英國時，他們在那裡從五月住到八月，但後來也賣掉了。仍留在英國這艘「沉船」上的人們，不太能接受克里克加入「人才外流」行列的決定，在學術界引發不少批評與抱怨。

同一時間，他寫的關於「相對尺度」那本書沒了下文。他的文學經紀人珀萊恩認為寫得非常好，但她往後六個月都得不斷道歉，因為DK出版社的金德斯利說要提出改寫的建議卻食言了。金德斯利想要的東西是「更加、更加簡單的」，也在一九七七年一月訂出六月交稿的期限，但始終沒有見到他答應提出的修改版本。克里克對此略感受傷，在這之前從來沒有人拒絕他的文章。有一陣子，他曾動念寫一本書談莫諾，莫諾於此前一年因癌症而過世；接著他開始與《科學美國人》洽談寫一本書講DNA，但最後兩個計畫都沒有付諸實行。回過頭來，他想起演講時聽眾最有共鳴的的題目是泛種論，於是將一九七三年他和歐加爾刊登在《伊卡洛斯》期刊的文章寄給珀萊恩，她將這個出書構想賣給賽門舒斯特出版公司的梅修。克里克把「尺度」的部分內容寫進新書的前言，在談到宇宙生命起源的地方作為相互參照；書名取作《生命本身》，於一九八一年出版。這本書的銷售成績頗佳，基本上獲得一致好評，但這個主題並沒有引發太大的反應。偉大的克里克寫說外星生命形式透過太空船在宇宙中播灑生命種子？他讓成功沖昏了頭嗎？

一九七八年，克里克同意為史隆基金會贊助的叢書撰寫回憶錄，交由基礎出版公司出版。這系列的前兩本書是戴森的《宇宙波瀾》[1]，以及梅達華的《給年輕科學家的建議》，兩本都成為暢銷書。但簽了約之後，克里克遲遲未交稿，直到一九八六年，經過史隆基金會的帕蘭百般勸說，他才終於交了初稿。書名取為《瘋狂的追尋》，這句話取自濟慈的詩句，也曾於一九五〇年在卡文迪西談蛋白質的首次專題討論會用過。他用清晰有活力的筆法敘述這一生的重要事件，但是避談雙螺旋的故事，他認為這件事已經報導過太多次，不需要再做一次自我剖析。書評都很客氣，不過沒有表現得很熱切。

好幾年來華生一直得到暗示，說好萊塢很可能將《雙螺旋》改拍成電影。一九八一年，這個計畫進展到劇本已經成形，於是華生和克里克都聘請經紀人商談擔任顧問的費用。其實克里克的內心既狐疑又謹慎；華生就熱中多了，不過聽說自己將由李察・德瑞佛斯這麼矮的人來飾演，他感到很驚恐。這項拍攝計畫發展到一九八四年後不了了之。三年後，英國廣播公司製作了一部電視劇《生命的故事》，情節主要是根據《雙螺旋》改編而成，由傑夫・高布倫飾演華生，茱麗葉・史蒂芬森飾演富蘭克林，艾倫・霍華飾演韋爾金斯，而飾演克里克的演員是提姆・皮高史密斯。

克里克有意以移民作為分水嶺，徹底結束舊的科學研究主題，轉以研究大腦開創新的生涯。但是在一九七七年，分子生物學有一項新的發現，將他的注意力又拉回到DNA。那年夏天，羅勃茲和夏普在冷泉港宣布，動植物的許多基因斷開成一個個有意義的段落，其間有許多無意義的段落將它們隔開，而基因轉錄出信使RNA之後，要先切除無意義的段落，再送進細胞質；這和細菌的基因是很不一樣的[2]。不久之後，吉伯特將這些無意義的段落命名為「插入子」，它們把有意義的段落「表現子」分隔開來[3]。克里克發現自己有機會扮演舊時的角色：取得各種論文，收集內含的大量新資料，丟棄其中一些，然後將剩下的資料拼湊成有意義的拼布。他為《科學》期刊寫了一篇很長的回顧文章，大膽猜測這些分裂的基因和RNA剪接作用的機制與功能。

在這篇文章內，他提到一個歐加爾建議的想法，關於基因組內有些基因可能是「自私的基因」，它們透過一種或更多種機制讓自己複製、傳播，但是不會對「宿

1 中文本由邱顯正譯。臺北：天下文化，二〇〇二。
2 兩位因此發現而獲頒一九九三年諾貝爾生醫獎。
3 吉伯特因而獲頒一九八〇年諾貝爾化學獎。

主」造成太大傷害。歐加爾是從演化生物學家道金斯的一篇論文得到這個概念，道金斯最初於一九七六年產生這個想法，並寫入他的暢銷書《自私的基因》[4]，這個想法可以解釋大多數DNA沒有轉譯成蛋白質的原因。如今克里克有了新看法，如果不要從DNA本身出發，而是從生物的角度來看，則絕大部分的DNA根本「和垃圾差不多」，許多序列的複製模式很像寄生蟲（只不過絕大多數是無害的）。這一點如今已廣獲接受，「訊息寄生蟲」的想法現在已經司空見慣，多虧了電腦病毒的出現，不過這在一九八〇年當時是難以想像的。

雖然「自私的DNA」是克里克對DNA研究最後一項原創的貢獻，但他獲邀成為最早期一家生物科技公司「賽特斯」的顧問，這家公司設立於舊金山，創辦人是柯普和格拉澤[5]。克里克一年只要工作四天，賽特斯公司便付給他一萬美元和一些股票。柯普一直非常熱中於發展生物晶片，也就是將基因和微處理器結合在一起，但克里克花了不少力氣澆熄他的熱情，認為這個想法仍不成熟。克里克還提出另一項建議，訓練細菌去吃掉冠狀動脈內的「油膩髒污」，然後將相關酵素分離出來，製成治療心臟疾患的藥物。

到了這時，克里克準備要實現長期以來不輟的決心，將注意力轉向人類的大腦；

克里克一輩子都在思索大腦的相關議題。「意識」也是另一個他想著手的主題，早在一九四七年準備離開文官職的時候就有這個想法，後來才轉而研究生命，因此回頭研究意識似乎頗為自然，如同成功表演之後的安可曲。早自一九五〇年代，他便認識劍橋生理學家巴羅，也聽過巴羅在哈帝俱樂部的演講，介紹青蛙的視覺系統有所謂的「蟲子偵測器」，並談到關於視覺系統運作方式的其他線索。一九六四年，克里克在沙克研究院聽了一場專題演講，休伯爾描述他與維瑟爾用猴子大腦做的驚人實驗，會後克里克又和休伯爾談了一個小時。休伯爾和維瑟爾發現一些特殊的腦細胞，可與猴子視野中的某些特徵相對應，引導視線朝向某個角度看過去[6]。克里克讀了休伯爾的所有論文，往後幾年也一直留意他的研究進展。一九七二年，克里克花了一星期參加麻省理工學院的一場腦部專題討論會，見到許多位當時最頂尖的神經科學家。等到一九七六年移居沙克研究院之後，他迫不及待讓自己沉浸於神經科學的文獻之海。

4 中文本由趙淑妙譯。臺北：天下遠見，二〇〇九。
5 格拉澤是一九六〇年諾貝爾物理獎得主。
6 兩人研究視覺系統中的訊息處理，獲頒一九八一年諾貝爾生醫獎。

他發現的這個領域，恰好與一九五〇年代初期的遺傳學非常相似：有著數量龐大的資料，卻無核心的理論。一九七九年，他為《科學美國人》寫了一篇文章〈思及大腦〉，提出他的看法：

並不是說神經科學家對目前的進展沒有一些基本概念，麻煩在於這概念並未形成有系統的精確闡述，只消碰一下，它就粉碎了。感知的本質、與長期記憶相關的神經系統、睡眠的功能，就舉這幾個例子好了，全都有上述的問題。

正如基因在雙螺旋出現前的狀態，大腦也有如一個黑盒子，你只能從它的反應做推測，而不是從結構或機制來推測。心理學家或許能從黑盒子的運作情形洞悉一些內情，但他們得到的訊息無法量化。「我們必須同時研究結構和功能，但必須從黑盒子的內部研究這些，不能僅從外部。」

面對克里克這位「大佛」，心理學家的反應很複雜，既感敬畏卻又惱怒。這位偉大人物從一個相對明確的科學領域而來，大家當然會把注意力轉向他，但他竟然表示要來整頓他們的科學研究，就像在一九五〇年，他也是突然出現在晶體學界，對著那些晶體學家說，他們全都做錯了。與哲學家相較，心理學家其實逃過他的嚴厲抨擊：「過去兩千年來，哲學家的紀錄非常糟糕，他們若能表現某種程度的謙遜還比較好，而不是通常表現的高傲與優越。」然而克里克發現，即使是大腦生理學家，絕大多數都沒有興趣證明「思維」實質上究竟是什麼，這點頗出乎他的意料。舉例來說，所謂的「認知科學家」渴望建立心智運作的理論模型，並測試其可行性，卻沒有研究真實的神經元究竟如何運作。克里克開始批評這些「機能主義者」，他擁護純粹的、化約論的唯物主義，即若想了解心智，就必須了解各個組成部分。他想了解的不只是大腦可以表現什麼樣的功能，更想「透過研究，得知究竟是執行哪些小組件才會產生這些功能」。

克里克選擇研究「視覺」，一方面是休伯爾的緣故，另一方面則因視覺為外在世界提供了精確且繽紛的意識圖像，看似簡單，卻也很難用機器智能加以複製。他開始自修大腦的解剖構造。神經解剖學家吃驚地發現，這可不是上了年紀的業餘愛好者無所事事、淺嘗一下，他根本是一位熱情求知的學生。克里克開始參加專題討論和演講活動、閱讀大量論文，也努力了解各種實驗細節。他不是從表面來看這個主題，而是從基本面著手，想要找出感知的真正機制。他寫道：「我們尚未對意識的感知做出任何描述，無法解釋我們對此最直接的經驗。」

克里克最先深入「盤問」的人是布蘭騰柏格，他是住在德國的神經解剖學家。克里克曾於一九七七年從丹麥前往杜賓根發表演講，兩人便是那時候認識的。演講之後有一場派對，布蘭騰柏格見到克里克坐在一張沙發上，四周圍繞著敬畏不已的教授們，於是在他身旁坐下，開始談起蒼蠅腦的解剖結果。竟然有人對具體的大腦比對抽象的心智更有興趣，克里克感到驚訝極了，於是要求隔天造訪布蘭騰柏格的實驗室。布蘭騰柏格回憶當時情景：「在那麼短的時間內，我從未見過任何人能吸收如此多的訊息。」那年稍後，布蘭騰柏格到劍橋拜訪克里克夫婦。一九七八年五月，他寫信給克里克說：「聽到你說，你認為我們現在的主要任務是找出休伯爾和維瑟爾等人的研究結果背後的微細線路，這和我想的一樣，令我非常開心。」隔年十一月，布蘭騰柏格受邀到加州停留一個月，他當時提出一個仍存疑問的神經線路模型，但終究沒能說服克里克接受它。

克里克的下一個目標是馬爾，他可能是當時最有名的年輕腦科學家。馬爾原本接受數學訓練，一九六〇年代末期在劍橋聲譽鵲起，他的博士論文研究的是哺乳類大腦功能的理論。在分子生物實驗室工作一段時間後（他受雇於布瑞納，當時布瑞納醉心於電腦程式），馬爾開始研究視覺，發展出一項革命性的「計算」研究方法，用以研究感知。他認為眼睛看到影像後，大腦必定運用數學演算法推導出影像的特徵。

一九七九年四月，馬爾和另一位很有天分的義大利物理學家波吉歐一同造訪拉荷雅，波吉歐曾在杜賓根研究蒼蠅的視覺系統；他們在此停留一個月，與克里克熱烈談論視覺研究。對三個人來說，那都是一段令人興奮的時間，只可惜籠罩在馬爾剛剛診斷出白血病的陰影中；隔年，這個疾病奪走了馬爾的生命，得年三十五歲。若想一窺當年的討論情形，可參考馬爾的遺作《視覺》一書的尾聲，他以小說筆法將之寫成蘇格拉底式的對話，對話雙方是馬爾和一位提出質疑的無名氏；這再明顯不過了，這位懷疑之士必然是克里克的化身。馬爾在對話中指出，若只單從神經元的層次來理解腦部的視覺感知，一定得不到任何收穫，還必須以計算方法加入另一層次的解釋，而這說法似乎說服了那位懷疑之士。如果克里克真被說服了，他一定還是有所保留，因為往後數年間，他仍對真實的神經元非常著迷。

克里克似乎很想強調他的化約論觀點，首先他著手研究神經元樹突上的微細構造，稱為樹突棘。在視覺皮層中，最常見的神經細胞為錐體神經元，而每個神經元都有大約一萬個「樹突棘」這種微小突起，會與其他神經元的軸突形成連結，稱為突觸，大多數的電流刺激便是從軸突的突觸傳入神經元。閱讀過這些知識後，克里克漸漸確信樹突棘真的會一陣陣抽動，而這是發揮功能的關鍵，例如短期記憶便儲存為樹突棘特定的前後抽動模式。他預測樹突棘與肌纖維一樣含有肌動球蛋白，他的預測是正確的。不過後來的研究結果顯示，樹突棘的移動速度比他所想的慢多了，大約是數十分之一秒，而非短到轉瞬之間。一九八〇年，克里克前往杜賓根拜訪布蘭騰柏格和波吉歐，與他們的一位學生討論樹突棘的電性質模型。這位學生是科霍，他是在美國出生的德國人，到了一九八〇年末期，他成為繼華森華生和布瑞納之後，克里克的最後一位雙人研究拍檔，直到克里克過世為止。

一九八一年秋天，克里克夫婦踏上漫長的亞洲巡迴演講之旅，直到耶誕節才回到加州。回程路上，克里克鼓吹他的劍橋同事葛雷姆・米奇森，邀他到沙克研究院待個兩年，一起討論現有的大腦研究文獻。葛雷姆・米奇森是克里克在史傳濟威時代的老友莫道赫・米奇森的侄兒，也是華生的繆斯女神、小說家娜歐蜜・米奇森的孫兒，更是遺傳學家霍爾登的侄孫；葛雷姆・米奇森有一顆傑出的數學頭腦（同時非常熱中於登山，這點就完全吸引不了克里克了）。米奇森棲身於沙克研究院一樓角落的辦公室，這裡曾為布洛斯基所用；克里克派米奇森閱讀近來最新的發現，他也到各樓層向實驗學家們提出各種疑問，好好充實各種知識，以便應付大師的提問。很少人的閱讀習慣像克里克那樣勤勉、徹底，不過如今他不再一大早就來工作了，往往早上過了一半才出現，到了午餐時間去沙克研究院的戶外餐廳，通常是和米奇森與歐加爾一起，看著滑翔翼飄過懸崖邊。克里克和米奇森合作的兩年間，他們得出兩個想法：一是關於軸突會朝特定方向生長成網格狀構造，如何用這點來解釋休伯爾和維瑟爾偵測到的方向性問題？另一則是關於作夢的理論。

他們對作夢提出的理論於一九八三年發表在《自然》期刊，後世對這個理論的評價不是很一致。他們根據的論點是這樣的，神經網路受過刺激之後，必須把同時產生之多餘或「寄生」的活化模式去除掉。如果大腦也是如此，則作夢可能是一種「忘卻」的作用，是在睡眠的快速動眼期執行的一種特殊機制，目的是找出所謂的「寄生模式」並去除之，並使它們以後比較不會產生。「比較不嚴謹地說，我們認為在睡眠的快速動眼期會忘掉無意識的夢境。」然而這個理論面臨一個大問題：幾乎不可能驗證。克里克的想法不常發生這種情形。

此時，克里克發現他很欣賞兩位哲學家，保羅・丘奇蘭德和派翠西亞・丘奇蘭德，他們剛進入加州大學聖地牙哥分校，距離沙克研究院很近。兩人對同輩哲學家多所指責，他們認為不該一直以抽象的方式探討心智問題，活像神經科學從來不存在似的。丘奇蘭德夫婦主張唯物論，這聽在克里克的耳中彷若仙樂，於是他說服沙克研究院聘請派翠西亞為研究員。不一會兒，她和克里克便經常辯論得很樂。派翠西亞曾說：「他讓我們了解如何建立理論。事實上，你必須提出很仔細的假說，不能只是隨便猜一猜。」另外，克里克積極邀請另一位活力十足的心理學家加入他們的行列，他是拉瑪錢德朗；隨後又來了一位傑出的計算神經科學家咸諾斯基。克里克從來就不喜歡唯命是從的人，這下子，他所能找到最有天分的人都圍繞在身邊了。

一九八三年，克里克、拉瑪錢德朗，以及加州大學爾灣分校的物理學家蕭奧，三人共同創立赫姆霍茲俱樂部，名字取自十九世紀開創視覺研究的物理學家赫姆霍茲。設立俱樂部的目的是每月一次討論大腦研究，克里克正是這個討論會的中心人物。這些會議都在爾灣舉行，位於拉荷雅到帕沙第納的半路上；討論會從午餐開始，舉行一整個下午，最後在某家餐廳畫下句點，由克里克的研究經費買單。一九八五年，克里克就是在一次討論會上又碰到科霍，這時科霍即將搬到加州理工學院。兩年前，科霍在麻省理工學院，克里克經常請他飛來加州進行「一週審問」（再沒有其他說法更適合的了），討論視覺注意力的問題，而兩人都曾針對這個主題發表論文。兩年後的此時，每回俱樂部討論結束後，克里克和科霍總是各據餐廳桌子一角，開始朝對方快樂地大聲嚷嚷，爭論著視覺是否會在十年內破解（科霍堅決認為如此），抑或要花費更長的時間。在科霍身上，克里克看到年輕時候的自己，同樣情感強烈，同樣充滿自信。也許科霍正是克里克一直尋找的搭檔人選，他以前是物理學家，也對真實的實驗和真實的大腦構造極感興趣。科霍自己都還沒意識到，便已得到一份工作，這工作先前曾由布瑞納和華生擔任，也就是「首席對話搭檔」，往後科霍將扮演這個角色達十八年之久。克里克和科霍給自己派發一項任務：研究「意識」本身。

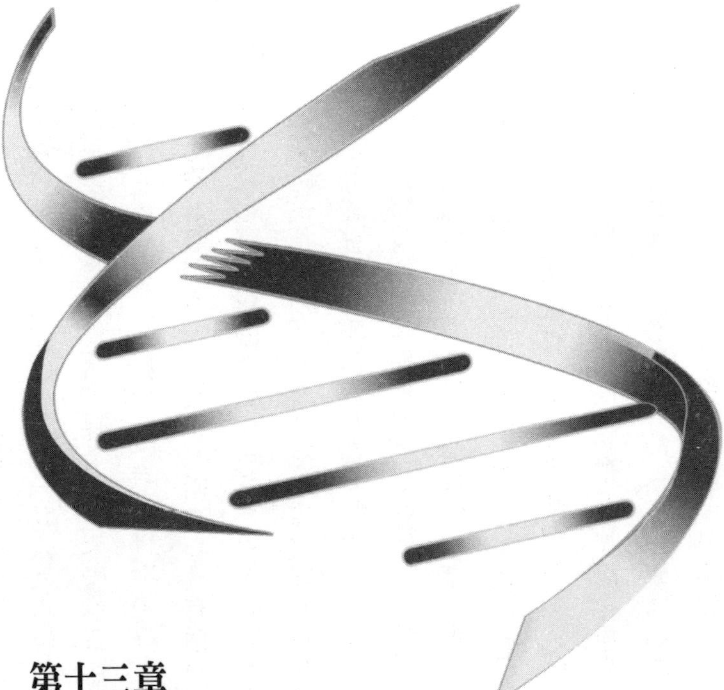

第十三章

意識

科霍於一九五六年出生在美國中西部，離開學校後曾住過荷蘭、德國、加拿大和摩洛哥。歷經杜賓根和麻省理工學院之後，他於一九八六年獲聘為加州理工學院教授。雖然科霍和年輕時的克里克一樣，總喜歡穿著顏色鮮豔的背心，但從許多方面看來，他們還是很不同。科霍非常沉迷於慢跑、攀岩、科幻小說，以及羅馬天主教信仰，而這些全都對克里克不構成吸引力。不過，他們的心靈有個一點不假的共同點，即神經科學，而且發現彼此都很喜歡辯論。自從一九八六年的會面之後，足足有十八年的時間，他們成為非常親近的朋友。那一年，克里克夫婦搬到一棟一層樓的屋子，位於科爾結路盡頭，有花園和游泳池，座落在拉荷雅附近一座安靜山丘的高處，科霍便經常住在克里克的家，可以隨時搜刮冰箱裡的任何食物。當時英國的格拉納達電視台改編福爾摩斯系列故事，由傑瑞米．布雷特飾演那位極度代表英國的著名偵探，科霍一看到就禁不住想起克里克，堅持叫他一起看影集。克里克無動於衷。

儘管年紀相差懸殊，他們之間的關係卻不是大師和徒弟。兩人都可能提出一項理論，也都可能寫出一篇論文草稿；隨著時間過去，雖然變化極微，但主控權漸漸轉移到科霍身上，而克里克退居背後，從發號施令的角色轉變為顧問。（克里克過世前不久，拿了一張自己的大幅照片給科霍，一排字寫著：「要好好盯著你！」）他們開始合作那時候，科學家並沒有直接研究意識，而是由哲學家和怪胎純憑猜測。沒有一位神經科學家會夢想去申請意識實驗的研究經費，更遑論真的得到經費。「依我們的看法，」克里克和科霍於一九九二年寫道，「如此的膽怯實在荒謬可笑。」早在DNA結構浮現之前，「生命」其實和「意識」一樣，都是難以理解的概念；眾所皆知「意識」極難定義，其實「基因」也是如此。他們認為，唯一可行的研究方法，乃是「不論三七二十一著手進行實驗，直到遭遇了進退兩難的困境、需要新的思考方式為止。」當你有意識地觀看或想像某件事時，大腦顯然有某些東西、某些地方發生了變化。那究竟是什麼樣的變化呢？

克里克與科霍攜手展開追尋。在這十七年間，很難確知他希望達到的目標究竟訂得多高。他心裡明白，將意識類比於DNA很可能是錯的。之所以認為生命的核心有一簡單的事物，是因為生命必須由簡單的事物開始成長、發展；雙螺旋必然是由比較早、比較簡單的時代遺留下來的。反之，大腦先變成一個複雜的器官，然後才產生意識。克里克也發現，「神祕主義者」用來反駁他的化約論的許多論點，其實以前都曾用來反駁遺傳學。他們認為意識會很抽象難懂、很分散，即使你找出意識究竟為何，也不必然對它有進一步的理解；以前他們正是這麼看待基因的。

克里克和科霍對視覺非常著迷。對多數人來說，視覺似乎是「無意識的」習慣動作，但會這麼想，其實是受到老式的笛卡兒「心物二元論」所誤導，這個謬論會說，我們腦中有個自我、有個靈魂或某個「小矮人」來面對眼睛接收到的訊息。如果僅僅以我們的眼睛將這世界映入眼簾並不叫做「看見」，那麼究竟是誰在「看」呢？腦中必然有個地方用來呈現視覺所見的世界，不過並非以「影像」的形式來呈現，而是將影像呈現為一種抽象的「理解」形式。換句話說，所謂的「自我」，其實是許多神經元轉移、結合的結果；視覺並非被動的，而是一種主動的過程，對眼睛接收到的訊息進行重建與解釋。

談到視覺，克里克最喜歡從一種簡單的「視錯覺」開始談，例如所謂的奈克方塊，這是一種線條圖，從兩個特定的角度看去，你會認為看到一個三度空間的方塊。盯著這類屬於「多穩態」的謎樣圖形時，一個人的心智有可能在兩種詮釋之間舉棋不定，而二者都是心智的建構。圖像並未改變，然而對圖像的意識知覺改變了。這種簡單的轉換發生時，如果能找出腦中有什麼地方發生變化，我們就向「意識」又靠近了一步。

克里克和科霍稱之為「意識的神經關連性」，即某一種大腦活動模式（不一定只發生在單一位置）必然與意識思考同時發生。他們不需要自己尋找這種關連性，只要細細爬梳科學文獻、追蹤一個個大腦實驗學家，催促他們做一些大有可為的實驗就成了。克里克和科霍決定從一個方向著手：找出一些確定與意識無關的神經系統。舉例來說，視網膜很確定與意識無關，因為它與視神經相接的地方為「盲區」。神經生物學家洛果提斯曾以機靈的猴子做實驗，首度證明大腦視覺系統的「V1」部分與意識無關。洛果提斯讓猴子的兩邊眼睛各看一張圖片，一張物體向上移動，另一張向下移動；猴子受過訓練，知道要對向上移動和向下移動做出不同的反應，然而這時牠「察覺」到的卻是居於二者之間，既非向上也非向下。不過，牠的主要視覺皮質會根據每隻眼睛看到的狀態做出反應，而非根據猴子察覺到的狀態做反應。

洛果提斯的實驗結果非常確實，這也是克里克所盼望的，他很希望透過神經生理學家以這種方式一點一點累積，把大腦內與意識無關的區域陸續排除，最後剩下一個看似與意識知覺有關的部分。然而，即使洛果提斯進一步發展他的技術，能夠確定猴子腦中有一些神經細胞並非對猴子「看到」的東西做反應，而是對猴子「察覺」到的做出反應，但仍無法得知單一細胞如何作用；他們只證實大腦細胞確可產生有意識的知覺，但是不知道這種反應如何產生，又是從何而來。更多的線索則來自神經學家對「腦傷」效應的研究。一九八六年，克里克在一場研討會認識了神經學家薩克斯，纏著他問：「告訴我一些故事吧！」談起每個病例，薩克斯說著說著總會蹦出一堆假設。他事後寫道：「我從未有過那樣滿腔熱血的感覺。」幾年後，一位洛杉磯的神經外科醫師富萊德與克里克聯繫，告知有病人患了癲癇，發作得很嚴重，決定要進行腦部手術。於是，科霍和富萊德合作，在手術期間記錄病人腦中單一神經細胞的訊號表現。他們找到一些細胞可對意識知覺做出反應，例如杏仁體有個細胞對柯林頓總統的三張照片有反應，但是對其他總統或其他名人的類似照片沒反應，顯然這個細胞位於記住「柯林頓總統」的神經網絡內。

到了一九九〇年代初期，克里克和科霍對神經學家馬斯柏格提出的看法感到很興奮，由於貓的視覺系統神經元會同步釋放出有韻律的訊號，馬斯柏格認為這或許是研究意識的一把鑰匙。對錐體神經元來說，這種四十赫茲的震盪訊號，很可能是把腦中與同一種知覺相關的所有部分連結在一起的活動。於是他們在一九九一年表示：「這種『鎖相震盪』必定是『注意力』在細胞層次的表現方式。」然而，克里克和科霍要對「意識的神經關連性」提出的假說似近還遠，幾年後，他們自己的熱情也漸漸退燒了。克里克於一九九四年出版《驚異的假說》[1]，在書中特意把一個原則講得更清楚：

意識必然是一些神經元表現出來的性質，其重要性大過產生的方式與位置。整本書主要是對視覺系統和大腦做了細緻的討論，充分顯現出他收集資料、去蕪存菁的能力未曾稍減；此外也傳達了他與二元論者之間的猛烈爭辯，二元論者主張有某種無形的、獨立於自我本質之外的力量。這本書開宗明義第一句便是很有自信的宣示：「所謂驚異的假說，是指『你』，你的喜悅你的悲傷，你的回憶你的抱負，你的個人認同感與自由意志，事實上完全是一大群神經細胞與其相關分子的共同表現。」結尾時他又登高一呼：「以科學攻勢來解決意識問題的論點非常強勁，唯一的疑問在於如何及何時達成。我極力主張大家應該立刻著手進行。」

這本書的論點與克里克的第一本書非常相似，都是攻擊生機論，生機論者同樣極力主張證明靈魂的存在。對克里克來說，將靈魂轉換成一大群神經元，其實完全不影響其中的神祕與敬畏成分，而是一場崇高和令人振奮的追尋，也比緊抓住過去的迷思要好多了。克里克已屆七十八歲高齡，有些人或許期待他對神祕主義和宗教的觀點會變得圓融許多，或想要達到整體主義的安適境界，甚至接受帕斯卡的賭注[2]，但那些人

1 中文本由劉明勳譯。臺北：天下文化，一九九七。

會很失望。克里克和達爾文一樣，傳言說他們在臨終之前有了轉變，但傳言在他們身上都未成真。「在過去的時代，宗教信仰能夠解釋科學現象的例子實在太少了，因此沒有理由相信傳統宗教到了未來會有較好的表現。」寫這本書的人，顯然依舊散發著年輕時對於真理的熱情。

他這本書的效應是讓「意識」受到各方矚目，由於克里克大聲嚷嚷「要了解意識必須從神經元著手」，神經科學家就不需要再躡手躡腳兜圈子走了。不過，雖然他加速了這項轉變，其實這早已是時勢所趨。近年來有不少其他學門的科學家涉足意識的研究，克里克並不是唯一的一人。一九八九年有兩個人出書想要解釋何謂意識，一位是研究免疫學而獲頒諾貝爾獎的艾德曼，另一位是牛津的數學物理學家彭若斯。兩年後，哲學家丹尼特也出版一本書，書名就叫《意識解析》。克里克也不是沒有野獸捍衛自己領域的行徑，他並未把這三本書放在眼裡。艾德曼提出神經系統的群體選擇理論，克里克認為有趣，但不完備，也說作者「很熱心，令人注意的是他的行動力而非他的清晰思路。」彭若斯提出若要了解意識，則需要一種新的物理形式，主要是基於量子重力論；克里克沒有接受這種說法，不過他還是讀了整個論點，並與彭若斯長篇大論通信：「說到底，他的論點就是量子重力論很神祕，意識也很神祕，而如果用其中一種來解釋另一種也不會比較清楚。」丹尼特則說，主觀的意識其實是一種錯覺，克里克認為那「只是用他的滔滔雄辯強迫別人接受」。

在意識研究這個領域，克里克要對抗的另一頭野獸是葛瑞格里，他是傑出的心理學家，極具開創性，但是他對開玩笑和視錯覺非常著迷，也許因為這樣，克里克認為他不像自己那麼嚴謹。葛瑞格里喜歡用有趣的類比來描述腦中發生的事，這對克里克來說太像黑盒子學派，不對他的胃。大約在一九九〇年一次赫姆霍茲俱樂部的聚會上，克里克清楚表明他不喜歡不確定的名詞與字眼，而且不斷詰問葛瑞格里，聚會只好暫停一陣子。克里克認為，提出大腦機制的類比根本毫無意義、非常糟糕，我們應該要描述真實的神經元反應現象才對。葛瑞格里則回應，神經元的反應現象說穿了就是一個個電路，而它們的功能必須放在概念的層次才能釐清，其實這很類似馬爾在一九七九年提出的看法。另有一次，他們兩人再度意見不合，這回是討論當你看著一

---

2 法國哲學家帕斯卡認為，每一個理性的人都應該信仰上帝。因為，上帝若存在，信徒會受到獎賞、無神論者會受懲罰；上帝若不存在，那麼無論你是信還是不信，都不會造成什麼特別的結果。所以，雖然我們不知道上帝是否存在，但是相信祂存在總是比較划算的。

面鏡子，為何左右顛倒，上下卻沒有顛倒？這兩個男人德高望重，討論的卻是幾乎每個小孩都希望爸媽解釋的問題，這景象還真帶來不少樂趣。

像這樣毫不客氣的脫序演出，其實不常出現在克里克身上。克里克在神經科學界的名聲如同在分子生物領域，一般認為他有禮貌、很幽默，甚至謙虛穩重。他也許會提出嚴厲的問題、催促答出堅實的答案，但他的動機是要深入理解，而非獲勝壓倒別人。他認為自己絕對有能力理解某事，而且自信心非常強烈，但還沒達成之前，他決不會貿然相信自己已經理解。他對任何人都說同樣的話：如果任何人說著任何有趣的事，他會得到克里克的全部注意力；如果他說某件事的時候顯得思慮不周，克里克必然會把這情形很明確地告訴他。「我忍受某人講蠢話的時間是二十分鐘，」克里克曾說，「在二十分鐘內，我可以非常有耐性。」眾所週知他對意識非常感興趣，結果收到無數的信件和論文，寄件者從怪胎、新時代哲學家、神學研究者到整體主義者都有。他會以禮貌但堅決的態度回絕要求，就說他只閱讀公開發表的論文。

一九九一年十一月，克里克接受英國女王頒發的功績勳章，在藝術與科學領域只有二十四位人士獲此榮銜。這次他接受了皇室的贈勳，主要因為它強調「功績」。此外，雖然他對「神」的厭惡如同以往強烈，對皇室的反感倒是和緩許多。每隔幾年，獲勳成員齊聚在白金漢宮，與女王共進午餐。克里克和奧蒂兒參加過一次，終於和女王見面，他在一九六二年還特別避開女王出現的場合。一直到一九九〇年代初期，克里克夫婦每年夏天都回英國，也會急著問羅倫斯該到倫敦看哪幾場戲。人在加州時，克里克最想念的事物就是戲院，因此一有機會造訪倫敦，有時甚至一天趕兩場戲，簡直狼吞虎嚥。但是自從一九九四年起，他不再長途跋涉回英國了，只在一九九八年前往德國途中短暫停留倫敦。一九九〇年代初期，他和奧蒂兒在加州波雷哥泉附近的沙漠買了一塊地，位於拉荷雅東方約一百英里處；他自己當起建築師，準備蓋一棟房子。沙漠中的花園需要完全不同的園藝技巧，但克里克以極大的熱情克服一切，慢慢建立起一座耐旱植物園。他喜愛沙漠中的光影變幻，還設置一個專門觀賞夕陽的地方。如果天氣不太熱，他偶爾會步行三英里走到棕櫚峽谷綠洲。

一九九五年，克里克的孫女金德拉（麥克的第四個孩子）到拉荷雅來住一個暑假，並在沙克研究院工作，當時她正考慮要不要在普林斯頓大學主修生物學。金德拉的祖父如今年近八十，而她發現祖父「心境年輕且風趣」。克里克永遠注重實際，永遠找機會大笑出聲，永遠對任何新點子充滿好奇。他鼓勵金德拉上繪畫課，並和奧蒂兒一起出去寫生。時值夏天，克里克經常和朋友一起在游泳池邊吃午餐，下午四點再游個泳。到了晚餐時間，由於金德拉不吃肉類，克里克也不能吃奶油或脂肪，奧蒂兒著名的廚藝功夫無從發揮，於是他們經常轉戰各家印度菜和壽司餐廳，有時還先去看個戲或藝術展覽再吃晚餐。回到家後，克里克會讀些東西，至遲不晚於十點，接著闔上書本，宣布上床時間到了。有時候一些老朋友和老同事會來家裡住。歐蒂曾是克里克的祕書和奧蒂兒的模特兒（這兩份工作會錄取她主要都是因為出色的相貌），她來家裡住時，原本只是晚餐時聊起她對「透視眼」非常著迷，結果隔天一早，她的早餐桌上堆了一大疊書，還把與矯正有關的段落標示得清清楚楚。

一九九四年，沙克研究院院長意外辭職，克里克一得知消息便接手這個職位。他讓自己熱心投入研究院的募款工作，不過也承認沒有很喜歡做這種事；一年後，藉著健康欠佳的理由，他卸下這項職務。一九九五年十一月九日，醫師診斷出克里克患有心臟病，隨即動了大手術，繞道手術足足繞過六條動脈，還換掉一部分的大動脈。術後恢復得很好，不過他注意到自己的情緒更為陰晴不定。只要出現「退休」的念頭，他立刻將之趕跑，繼續像以前一樣大量閱讀、談話、辯論、寫作。以前他的生活因為經常遠行或行政事務而分心，如今這種情形已成過去式，就某種程度來說，他的生活回歸到發現ＤＮＡ之前那些年的模式。他的身邊環繞著一小群同事，可以一整天或每天都同他們辯論科學研究的種種細節。千禧年來臨，看著人類基因組定序完成，他心中滿是驕傲之情，因為早已看出會有這樣的一天，只是他保持超然的態度，沒有涉入與之相關的諸多辯論。

他很保護自己的隱私，只想把時間保留給思考。「我不怎麼與人連絡，」他打趣說，「因為多的是人想要與我連絡，而我想要連絡的人少之又少。」他只偶爾出現在公開場合對學生演講，以他的名聲總是吸引到大批聽眾。一九九四年於倫敦舉辦《驚異的假說》出版發表會時，出席者高達二千多位，將西敏寺的公會中心堂塞得滿滿的。他也常受到狗仔隊包圍拍照，而除非狗仔隊捐十美元給沙克研究院，否則他不願意接受拍照。到這時候，有華生和克里克兩人簽名的DNA最初論文抽印本變得非常值錢，也常有人把論文的翻印本（少數甚至是從圖書館收藏的期刊裁切下來的）寄給兩位作者，希望能得到他們的簽名，往後販售圖利。華生和克里克都認為該讓這些謀取暴利的人吃閉門羹，於是拒絕為那些論文簽名。

二〇〇一年，克里克做了一項口頭承諾，同意把所有的文件檔案賣給一位科學家塞克爾，他幫一名富有的珍本書商諾曼工作，諾曼向來以收集科學家的私人文獻而著稱。然而看到書面合約後，克里克覺得有點擔心，因為合約上提到有第三位出資者。

兒子麥克說服他先不要簽約，而華生聽到這項消息，立刻與英國威爾康信託基金會聯繫，建議他們出價買下這些文獻。經過一陣短暫的出價競爭後，威爾康信託獲得英國文化遺產樂透基金捐助百分之五十的經費，將克里克收集的文獻全數買下。所有文獻塞滿了十多個檔案櫃，總額高達二百四十萬美元，最後協議將這些文獻存放於加州大學聖地牙哥分校的圖書館。其實塞克爾還想出更高價，但就當時仍在世的科學家來說，成交價格之高已是史無前例。

二〇〇一年四月，直腸癌報到，而克里克並不畏懼。他接到醫師打來的電話，確認檢驗結果為陽性，當時科霍陪在他身邊。他放下電話，朝空中凝視了一、兩分鐘，接著繼續埋首閱讀，彷彿什麼事都沒發生；過了好一會兒，他才向科霍說明剛才通話的內容。沒有任何戲劇化的情節，他的病痛只是宇宙中又一項事實罷了。醫師們發現，他們的治療方案受到嚴格的質問，但除此之外，克里克從未將他的醫療問題拿去勞煩別人。

一九九〇年代晚期，克里克對意識的想法沒有很大的突破，但仍有一些進展；到了二〇〇二年，雖然沒有確切答案，克里克還是著手整理他對這個議題所提出的最終架構，隔年與科霍聯名發表，論文名稱為〈為意識建立的研究架構〉，呼應克里克多年前的呼聲，當時他認為神經科學能夠提出詳細的理論前，應該先建立研究的架構，正如同分子生物學要破解密碼之前，必先提出一系列的假說。克里克和科霍列出十項原則，最關鍵的一個想法是許多神經元聯盟之間發生競爭，而獲勝的聯盟可以進入（或甚至表現為）「意識」。他們認為至少要有兩種聯盟，因為前腦會「觀看」主要從後腦傳來的感覺輸出訊號，很像有個神祕的小矮人看著螢幕。他們也指出「注意力」的運作機制，必然是幾個神經元聯盟彼此競爭時傾向於某者。至於意識的神經關連性，包括對動作的一個個「定格」反應，以及神智半清醒時的模糊地帶，都是在某個時點由一小組神經元組成（也許只包含幾萬個細胞），而且可能會由後腦投射到前腦。這個研究架構只是一種假說，但克里克一開始也承認，這架構還有許多細節尚待填補。

過沒多久，克里克的癌症顯然已經擴散了，必須開始做化療。時間進入二〇〇三年，這一年是發現雙螺旋的五十週年紀念，朋友們開始擔心克里克無法活著看到這一天的到來。但是他活下來了。一方面多虧了人類基因組計畫，也因為DNA已變成家喻戶曉的字眼（之所以會這樣，華生說，主要是美式足球明星辛普森殺妻疑案和白宮女實習生陸文斯基的關係），總之五十週年紀念引發廣泛的注意與興趣，這些是二十五週年和四十週年慶遠遠不及的。克里克的頭腦依舊清醒銳利，他透過錄影帶表達對這個重大事件的看法。週年紀念當天，他只答應接受兩家媒體的專訪，訪談中強調，光聽他們這些人不可靠的記憶沒什麼用處，比較重要的是人們在當時記錄下來的事實，他再三強調這一點。而且慶祝活動太過頭了，重要的是那個分子，而非發現它的人。

雖然因為化療造成身體虛弱不舒服，整個二〇〇三年克里克依舊盡可能努力工作，甚至延續到隔年。他仍會到沙克研究院，或是請人們到家裡來。這段日子的狀況時好時壞，但他的眼睛依然能閱讀，腦子也依然能思考，沒有理由不工作。家裡的晚餐桌已經淹沒在成堆論文之下。奧蒂兒很注意他是否舒適，也要招呼應邀而來川流不息的朋友們，日以繼夜，如同她過去五十五年來所做的。奧蒂兒或克里克的助理慕蕾會帶他去醫院接受治療，在醫院內，克里克總是堅持自己走路，即使走得既費力又緩慢；準備上車回家前，他還會揮舞拐杖大聲嚷嚷：「快回家啊，詹姆斯，別管馬兒累不累！」[3]

他還有時間再提出一個想法。二〇〇三年底，克里克對腦部一個小構造「屏狀核」很感興趣。許多年前他就知道有屏狀核，它位在大腦深處，是一層薄薄的簡單神經組織，連結得非常緊密。屏狀核可從大腦皮質和視丘的所有部分接受訊息，也可發送訊息到上述各處。克里克著手研究屏狀核的構造與活性，漸漸認為它是「統合的整體」這個意識特徵的來源。他寫道：「你不會意識到各個獨立的認知印象，而是得到單一整體的經驗。你手握一朵玫瑰，你聞到它的香氣，看到它的紅色花瓣，以手指觸摸花莖的質感。」然而嗅聞、觀看和觸摸是在腦中相隔甚遠的幾個區域分別處理，因此必然要有某處進行統合、使之同步，或把全部結合在一起。屏狀核有著複雜的連結，構造簡單，而且神經元種類非常單純，可說是「將個別事件結合成單一認知印象」的理想地點，不過可以證明屏狀核功能的證據非常少。屏狀核是這麼薄的一層構造（與很多其他構造非常貼近），幾乎不可能受到意外中風或蓄意破壞的影響，因此也不可能得知大腦失去屏狀核究竟會如何。當時分子生物學技術有了新發展，可以找出只在特定大腦部位表現的基因，克里克希望很快能在屏狀核找到一些獨特的分子，但他知道沒有人嘗試做這個題目。二〇〇四年七月十九日，那天是星期一，克里克坐在家中的晚餐桌邊，桌上堆滿了一疊疊論文，儘管身體虛弱，他的思慮依然清晰，終

3 原文為"Home James, Don't Spare The Horses"。〇〇七系列小說第一集《皇家夜總會》曾在一九五四年改編成電視影集，「Home James, Don't Spare The Horses」是其中一首配樂歌曲。

於完成了這個主題的第一份手寫草稿。最後一句話盡顯他特有的急切：「有什麼比這個重要？還等什麼呢？」

一週之後，七月二十六日星期一下午，克里克被送往醫院。星期二，他對屏狀核論文的一份打字稿做了修正。星期三，七月二十八日，他又做了一點修正，但沒多久變得有點糊塗，想像科霍在他身旁，與他討論起屏狀核的問題。下午，奧蒂兒陪他坐著，後來她離開病房，因為醫師要讓克里克的呼吸舒服一點，準備做一項困難的處置。半小時後，克里克最後一次失去意識。那天傍晚七點過後不久，他過世了。

結語

令人驚異的假說創製者

克里克的身軀燒成了灰，盡數撒入太平洋。八月三日，他的家人和沙克的同事齊聚於研究院，由家人和友人頌唸一段段簡短的悼詞。九月二十七日，一場比較公開的紀念會於沙克研究院舉行，這是個炎熱、有風的日子，紀念會於露天場地進行，講台後方的天空不時有滑翔翼飛掠而過。沙克研究院院長墨菲認為，克里克若不是有史以來最偉大的生物學家，也是百年來最偉大的生物學家。班塞、歐加爾、黎奇、克魯格和布瑞納連番上台，談起他們在分子生物學全盛時期與克里克共事的回憶。華生說他是個敏感、務實、絕不乏味、始終如一的人，也是「我所認識最偉大的人」。他晚年的朋友波吉歐、派翠西亞．丘奇蘭、拉瑪錢德朗和咸諾斯基談到他在知識方面的慷慨大度，以及在神經科學領域無止盡的推演研究。科霍則憶起他到了晚年仍舊不屈不撓、努力不懈。而他的兒子麥克提出一個問題：「克里克的研究動力是什麼？」麥克自答，克里克不想出名、富有或受歡迎，他只想為生機論的棺材敲進最後一根釘子；麥克又補充說，微軟的「Word」軟體不認得「vitalism」（生機論）這個字：「法蘭西斯得一分！」

由於克里克的各項發現太重要了，他必然會與伽利略、達爾文和愛因斯坦同起同坐，列名「史上最偉大科學家」之林。如同幾位前輩，克里克發現一項舉世震驚的重要事實，也就是生命的本質。如同幾位前輩，他做出許多項發現，而非僅只一項。如同幾位前輩，他創造了一整個新的學門，並居於領導地位。然而，他做的每一件事都不是獨力完成。克里克該不該以他的天縱英才榮登偉大科學家的殿堂？抑或他只是在對的時機身處於對的地方？他，和華生，將永遠是最早看出ＤＮＡ如何做為線性的數位資訊儲存裝置的人，他也因此廣為人知；這是一項完全出乎意料的結果，意味著醫學、技術和科學的未來發展充滿巨大的可能性。然而以某些方面來說，這實在大大低估了克里克的成就，因為他又發現這密碼乃是製造蛋白質的密碼，沿著ＤＮＡ分子依序閱讀，可以讀出六十四組「字」、每個字各由三個字母組成，而這些字依循一套舉世皆然的密碼，所有生物都依此而行。與蛋白質合成有關的所有機制，包括轉接子、信使分子、三聯體密碼子、搖擺效應、終止密碼子、序列假說、中心教條、密碼表本身等，都有他的（和布瑞納的）見解和實驗涉足的痕跡。自從能夠閱讀ＤＮＡ密碼之後，時至今日，生物學已發展出新的影響力。而說到這裡，我們還沒提到克里克在其他方面的貢獻，包括蛋白質結晶學、染色質的結構、胚胎發生學和神經科學。

他有這麼多的成就，全都是人近中年才開始發展的，這讓他年輕時的「平庸」成了一個很大的謎。他的老師只覺得他有點聰明，然而成年之後的同事們幾乎都認為他是天才。究竟是什麼因素讓他如此成功？並不是優游於數學的奔放想像（數學方面他得求助於克萊瑟爾和葛力菲斯），也不是沉浸於抽象的複雜事物（他沒有時間做這種事），更不是因為運用起文字既流暢又有說服力（雖然他是個優秀的作家）。他確實能夠看出三度空間的結構關連性，這種能力非常驚人，或許也很獨特，但除此之外，一定有某些世俗和平凡的方法可以描述他的智慧與能力，使他基於務實與常識的合理性，能夠猜出「事實」究竟為何，並把其他方面統整成合乎情理的模式。歐加爾形容他「在智能方面極其有條有理」。這裡說的「智能」關乎對話與辯論，而非獨自一人的靈感迸發。布瑞納便說：「對話是他最重要的興奮劑。」其實他的洞察力並非得來全不費功夫；有時候他的想法確實變換無窮（拉瑪錢德朗便說，克里克從事科學研究「愛玩愛鬧但熱情十足」），但他的準備功夫一點也不含糊，閱讀量極為驚人。葛雷姆・米奇森還記得「他有著無窮的韌性，讓他可以歷經綿長的時間依然反覆思索某個問題」。克魯格則驚訝於克里克的閱讀耐性，說他連最乏味的論文都讀得下去。而科霍常說，克里克可以一連兩個小時埋首桌前不休息。克里克到了晚年曾對班塞說，他以前能夠集中注意力達八個小時，不過到了八十多歲，他只能專注六個小時了。

克里克是天才，但不屬於接近瘋狂那一型；他甚至不是性格古怪的人。他特意訓練自己的心智，非常善用邏輯思考來解決自然界的謎題，勇於接受最重要問題的挑戰，精力充沛、全心投入，絕不讓偏見阻擋了理性的道路。自始至終，他都保持最真誠的自我：感情豐沛，健談，有魅力，凡事持疑，堅持不懈。他念茲在茲的是為「意識」找到一席之地，並親眼見到宗教退位。他必須把自己準備好，以便解釋生命的本質與意義。

索引

開場白

第一章 怪才

華特・克里克 Walter Drawbridge Crick, 1857-1903
倫敦與西北鐵路公司 London and Northwestern Railway
史密德與華倫 Smeed and Warren
拉蒂瑪、克里克和根恩 Latimer, Crick and Gunn
葛林街 Green Street
馬德拉斯 Madras
拉蒂瑪 William Latimer
根恩 Thomas Gunn
比林路 Billing Road
九水宅 Nine Springs Villa
莎拉・克里克 Sarah Crick
哈利・克里克 Harry Crick
有孔蟲類 foraminifera
查爾斯・達爾文 Charles Robert Darwin
龍蝨類 water beetle
龍蝨 Dytiscus marginalis
雙殼綱 bivalve
歐洲泥蜆 Sphaerium corneum
《自然》*Nature*
索迪 Frederick Soddy, 1877-1956
《廢止私有資金，否則將遭負債壓垮》
Abolish Private Money or Drown in Debt
亞瑟・克里克 Arthur Crick
倫敦大學學院 University College
威廉・克里克 William Crick
阿拉斯戰役 Battle of Arras

溫妮費德・克里克 Winifred Crick
迪金遜 Arnold Dickens
漢彌爾頓 Bill Hamilton, 1936-2000
安妮・威爾金斯 Annie Wilkins
伊索・威爾金斯 Ethel Wilkins
威爾金斯與達金 Wilkins and Darking
特羅布里奇鎮 Trowbridge
一位論派信徒 Unitarian
公理教會 Congregational Church
布瑞納 Sydney Brenner, 1927-
米爾丘 Mill Hill
薩克斯 Oliver Sacks, 1933-
東尼・克里克 Tony Crick
科林渥 Raoul Colinvaux
恩得雷德 Edward Neville da Costa Andrade, 1887-1971
拉塞福 Ernest Rutherford, 1871-1937
《原子的結構》*The Structure of Atom*
戈林 Hermann Göring, 1893-1946
馬西 Harrie Massey, 1908-1983
假戰 phony war
朵琳・陶德 Doreen Dodd
史摩雷特 Tobias Smollett, 1721-1771
聖潘克拉斯 St. Pancras
麥克・克里克 Michael Crick, 1940-
特丁頓 Teddington
哈文特 Havant

第二章　三位好友

波特 James Potter
英國皇家海軍女子勤務團 Women's Royal Naval Service, WREN
金斯林鎮 King's Lynn
布里奇利公園 Bletchley Park
林肯 Ashe Lincoln, 1907-1997
史諾 C. P. Snow, 1905-1980
瓊斯 R. V. Jones, 1911-1997
倫敦國王學院 King's College
蘭德爾 John Randall, 1905-1984
薛丁格 Erwin Schrodinger, 1887-1961
《生命是什麼？》*What Is Life?*
戴爾布魯克 Max Delbruck, 1906-1981
聖安德魯斯大學 Saint Andrews University
羅莎琳・富蘭克林 Rosalind Franklin, 1920-1958
霍加斯路 Hogarth Road
英國醫學研究委員會 Medical Research Council, MRC
《化學與工程新聞》*Chemical Engineering News*
鮑林 Linus Pauling, 1901-1994
維勒 Friedrich Wöhler, 1800-1882
原生質 protoplasm
孟德爾 Gregor Mendel, 1822-1884
布魯恩 Brnn
布魯諾 Brno
湯馬斯 Thomas Morgan, 1866-1945
巴夫來 Theodor Boveri, 1862-1915
馬勒 Hermann Muller, 1890-1967

第三章 劍橋

腺嘌呤 adenine
鳥嘌呤 guanine
胞嘧啶 cytosine
胸腺嘧啶 thymine
艾佛瑞 Osward Avery, 1877-1955
列文 Phoebus Levene, 1869-1940
米爾斯基 Alfred E. Mirsky, 1900-1974
比魯茲 Max Perutz, 1914-2002
小布拉格爵士 Sir Lawrence Bragg, 1890-1971
馮勞厄 Max von Laue, 1879-1960
布拉格爵士 Sir William Bragg, 1862-1942
結晶學 crystallography
阿斯特伯里 William Astbury, 1898-1961
胃蛋白酶 pepsin
角質蛋白 Keratin
克勞馥 Dorothy Crawfoot, 1910-1994
霍奇金夫人 Dorothy Hodgkin
胰島素 insulin
肯祖魯 John Kendrew, 1917-1997
蒙巴頓勛爵 Lord Mountbatten, 1900-1979
赫胥黎 Hugh Huxley, 1924-
布洛德 Tony Broad
夏納路 Cheyne Row
利古里亞 Liguria
彭塔基亞帕 Punta Chiappa
湯普森巷 Thompson's Lane

第四章　華生

葛思林 Raymond Gosling, 1926-
帕埃斯頓 Paestum
聖體學院 Corpus Christi College
國王大道 Kings Parade
班奈特街 Benet Street
皇家空軍吧台 RAF bar
後花園 the Backs
奧斯汀爵士 Lord Austin, 1866-1941
山謬爵士 Lord Samuel, 1870-1963
《貝爾福宣言》Balfour Declaration
凱瑟銀行 Keyser's bank
介晶 paracrystalline
布萊克威爾書店 Blackwell's bookshop
佛雷瑟 Robert Donald Bruce Fraser, 1924-

第五章　勝利

佛柏格 Sven Furberg, 1920-1983
麥考錫 Joe MaCarthy, 1908-1957
托德 Alexander Todd, 1907-1997
查加夫 Erwin Chargaff, 1905-2002
《浪子的生涯》*Rake's Progress*
克魯克香克 George Cruikshank, 1792-1878
杜米埃 Honoré Daumier, 1808-1879
葛力菲斯 John Griffith
葡萄牙街 Portugal Place

費瑟 Bruce Fraser
馬洛 Christopher Marlowe, 1564-1593

第六章 密碼

《代號與密碼》*Codes and Ciphers*
簡併 degeneracy
毛利塔尼亞號 SS Mauretanian
核糖核酸酶 ribonuclease
麥格多夫 Bea Megdoff
魯札提 Vittorio Luzzati, 1923-
費曼 Richard Feynman, 1918-1988
第三聯播網 BBC Third Programme
《發現》*Discovery*
《科學美國人》*Scientific American*
賈桂琳・克里克 Jacqueline Crick, 1954-2011
布魯克林高地 Brooklyn Heights
伍茲赫爾 Woods Hole
伽莫夫 George Gamow, 1904-1968
《湯普金探索生命知識》*Mr. Tompkins Learns the Facts of Life*
卡爾文 Melvin Calvin, 1911-1997
麥克米倫 Edwin McMillan, 1907-1991
泰勒 Edward Teller, 1908-2003
桑格 Fred Sanger, 1918-
歐加爾 Leslie Orgel, 1927-2007
英國皇家研究院 Royal Institution

第七章　布瑞納

無逗點密碼 comma-free code

葛羅布 Solomon W. Golomb, 1932

《美國國家科學院學報》*Proceedings of the National Academy of Sciences*

摩爾 Ruth Moore, 1903-1989

《生命的螺旋》*The Coil of Life*

貝什斯達 Bethesda

巴爾的摩 Baltimore

麥迪遜 Madison

安娜堡 Ann Arbor

麻州總醫院 Massachusetts General Hospital

詹美尼克 Paul Zamecnik, 1912-2009

霍格蘭 Mahlon Hoagland, 1921-2009

修士餐廳 Friars House

薩拉貝 Anand Sarabhai

班塞 Seymour Benzer, 1921-2007

實驗生物學會 Society of Experimental Biology

坎特伯里 Canterbury

〈論蛋白質合成〉 On Protein Synthesis

《自然哲學之數學原理》*Principia*

《邏輯哲學論叢》*Tractatus*

序列假說 Sequence Hypothesis

中心教條 Central Dogma

歐比 Robert Olby, 1933-

康蒙納 Barry Commoner, 1917-

《哈潑》*Harper's*
梅索森 Matthew Meselson, 1930-
史達爾 Franklin Stahl, 1929-
新博物館校區 New Museum Site
蓋丁堡 Gatlinburg
布魯克海文國家實驗室 Brookhaven National Laboratory
貝爾福遺傳學教授 Arthur Balfour Professor of Genetics
費雪 Sir Ronald Fisher, 1890-1962
達林頓 Cyril Dean Darlington, 1903-1981
陶戴 John Thoday, 1916-2008
自由法國部隊 Free France
接合生殖 conjugation
帕第 Arthur Pardee, 1921-
信使RNA messenger RNA
佛爾金 Elliot Volkin, 1921-
艾思崔全 Lazarus Astrachan, 1925-2003

第八章　三聯體與禮拜堂

美國公共衛生協會 American Public Health Association
雷斯克獎 Lasker Prize
梅耶獎 Prix Charles-Léopold Mayer
格爾德納基金會 Gairdner Foundation
貢獻獎 Award of Merit
《觀察家報》*Observers*
愛麗絲・歐加爾 Alice Orgel

吖啶類 acridine
原黃素 proflavine
抑制因子 suppressor
白朗峰 Mont Blanc
佛薩山 Col de Voza
國際生物化學研討會 International Biochemical Congress
坦吉爾港 Tangier
莫罕 Mohamed
愛麗諾・布羅姆瑟 Eleonore Broemser
居姆塞 Sumet Jumsai, 1939-
讀框轉移 frame shift
芭內特 Leslie Barnett, 1920-2002
卡萊爾學院 Clare Hall
〈製造蛋白質之遺傳密碼的一般特性〉
General Nature of the Genetic Code for Proteins
瓦茲托賓 Richard Watts-Tobin
《星期日泰晤士報》*Sunday Times*
查韋爾爵士（林德曼） Lord Cherwell (Frederick A. Lindemann), 1886-1957
美國麻省理工學院 Massachusetts Institute of Technology (MIT)
布拉德爵士 Sir Edward Bullard, 1907-1980
蒙特費爾 Hugh William Montefiore, 1920-2005
包曼特 Timothy Beaumont, 1928-2008
劍橋人文主義學會 Cambridge Humanist Society
佛斯特 E. M. Foster, 1879-1970
《大學》*Varsity*
索普 W. H. Thorpe, 1902-1986

第九章　大獎

波特 Rodney Porter, 1917-1985
沃克 John Ernest Walker, 1941-
薩爾斯頓 John E. Sulston, 1942-
威爾森 Edmund Wilson, 1895-1972
沙克 Jonas Salk, 1914-1995
拉荷雅 La Jolla
路易斯康 Louis Kahn
西拉德 Leo Szilard, 1898-1964
盧瑞亞 Salvador Luria, 1912-1991
威佛 Warren Weaver, 1894-1978
布洛斯基 Jacob Bronowski, 1908-1974
史巴克曼與史蒂芬斯牌 Sparkman & Stephens
奇異鳥二號 Kiwi 2
馬約卡 Giampero di Mayorca
德桑克提斯 Rodolfo De Sanctis
天堂之眼號 Eye of Heaven
貝爾川牌 Bertram
巴里 Bari
蓋爾安德森 John Gayer Anderson
水灘鎮 Waterbeach
邁克・歐菲爾德 Mike Oldfield, 1953-
《管鐘》*Tubular Bells*
葛雷姆・米奇森 Graeme Mitchison
萊德 Philip Leder, 1934-
柯阮納 Har Gobind Khorana, 1922-
史崔辛格 George Streisinger, 1927-1984

相位移突變 phase-shift mutation
亞諾夫斯基 Charles Yanofsky, 1925-
達利 Salvador Dali, 1904-1989
米亞・法羅 Mia Farrow, 1945-
沙克研究院 Salk Institute
斯克里普斯醫院 Scripps Hospital
「琥珀」突變 amber
伯恩斯坦 Bernstein
「赭石」突變 ochre
甲硫胺酸 methionine
白胺酸 leucine
羥丁胺酸 threonine
甘胺酸 glycine
霍利 Robert Holley, 1922-1993
反密碼子 anticodon
肌苷 inosine
腺苷 adenine
《美國國家科學院學報》*Proceedings of the National Academy of Sciences*
克魯年講座 Croonian Lecture
〈遺傳密碼，昨日、今日與明日〉
The Genetic Code, Yesterday, Today and Tomorrow
沙區 Bob Thach
列維鎮 Levittown
娛樂無限公司 Entertainments Unlimited
「蛋白石」突變 opal
誘變劑 mutagen

第十章　從來沒有謙虛過

《生機論滅亡了嗎？》*Is Vitalism Dead?*

《人鼠之間》*Of Mice and Men*

《人與分子之間》*Of Molecules and Men*

柏格森 Henri Bergson, 1859-1941

生命動力 élan-vital

埃爾塞瑟 Walter Elsasser, 1904-1991

生激力 biotonic

瓦丁頓 Conrad Waddington, 1905-1975

冥后珀瑟芬 Princess Persephone

娜歐蜜・米奇森 Naomi Mitchison, 1897-1999

琴泰岬 Kintyre

卡拉戴爾村 Carradale

《誠實的吉姆》*Honest Jim*

康拉德 Joseph Conrad, 1857-1924

《吉姆爺》*Lord Jim*

艾米斯 Kingsley Amis, 1922-1995

《幸運的吉姆》*Lucky Jim*

科林斯海峽 Channel of Corinth

斯佩察島 Spetsai

皮里亞斯港 Piraeus

薩摩斯島 Samos

《鹼基對》*Base Pairs*

普西 Nathan M. Pusey, 1907-2001

《名人錄》*Who's Who*

艾德梭 John Edsall, 1902-2002
麥爾 Ernst Mayr, 1904-2005
波柏 Karl Popper, 1902-1994
《開放社會及其敵人》*The Open Society and Its Enemies*

第十一章 外太空

馬拉喀什 Marrakesh
許德拉島 Hydra
葛羅斯 François Gros, 1925-
厄里斯 Eris
波莫納學院 Pomona College
《偶然與必然》*Chance and Necessity*
聖托佩斯 Saint Tropez
克羅夫特大宅 Croft Lodge
道格拉斯・詹紐利 Douglas January
湯姆・史泰茲 Tom Steitz, 1940-
瓊安・史泰茲 Joan Steitz, 1941-
新市場路 Newmarket Road
昆騰路 Quainton Close
線蟲 C. elegans
羅倫斯 Peter Lawrence, 1941-
威爾考斯 Michael Wilcox
蝽象 Rhodnius
極性 polarity
形態發生素 morphogen

蒙羅 Mary Munro
「競逐雙螺旋的比賽」 The Race for the Double Helix
歐比 Robert Olby, 1933-
《通往雙螺旋之路》*The Path to the Double Helix*
葉勒凡 Yerevan
布拉堪天文台 Byurakan Astrophysical Observatory
薩根 Carl Sagan, 1934-1996
戈德 Thomas Gold, 1920-2004
德雷克 Frank Drake, 1930-
戴森 Freeman Dyson, 1923-
莫里森 Philip Morrison, 1925-2005
休伯爾 David Hubel, 1926-
明斯基 Marvin Minsky, 1927-
湯斯 Charles Hard Townes, 1915-
麥克尼爾 William McNeill, 1917-
理查・李 Richard Lee, 1937-
貝利茲基 Boris Belitsky
《伊卡洛斯》*Icarus*
〈受到引導的泛種論〉 Directed Panspermia
輔因子 cofactor
組織蛋白 histone
核小體 nucleosome
孔伯格 Roger Kornberg, 1947-
超捲曲數 writhing number
〈給觀鳥人的超捲曲數〉 Writhing Numbers for Birdwatchers
〈連接數與核小體〉 Linking Numbers and Nucleosomes

勒帕吉 Richard LePage

蒲齡恩 J. H. Prynne, 1936-

李約瑟 Joseph Needham, 1900-1995

《跟著法蘭西斯・克里克去旅行》*Travels with Francis Crick*

霍夫曼 Frederic de Hoffmann, 1924-1989

阿爾胡斯大學 Arhus University

達汀頓藝術學院 Dartington College of Arts

托尼斯 Tornes

第十二章　加州

羅絲蘭路 Roseland Drive

染色質 chromatin

基克海佛基金會 J .W. Kieckhefer Foundation

索拉娜海灘 Solana Beach

珀萊恩 Felicity Bryan

金德斯利 Peter Kindersley, 1941-

梅修 Alice Mayhew

《生命本身》*Life Itself*

基礎出版公司 Basic Books

《宇宙波瀾》*Disturbing the Universe*

《給年輕科學家的建議》*Advice to a Young Scientist*

帕蘭 Sandra Panem

《瘋狂的追尋》*What Mad Pursuit*

李察・德瑞佛斯 Richard Dreyfuss, 1947-

《生命的故事》*Life Story*

突觸 synaptic
肌動球蛋白 actomyosin
科霍 Christof Koch, 1956-
快速動眼期 rapid-eye-movement, REM
保羅・丘奇蘭德 Paul Churchland, 1942-
派翠西亞・丘奇蘭德 Patricia Churchland, 1943-
拉瑪錢德朗 V. S. Ramachandran, 1951-
咸諾斯基 Terry Sejnowski
蕭奧 Gordon Shaw, 1932-2005
赫姆霍茲俱樂部 Helmholtz Club
赫姆霍茲 Herman von Helmholtz, 1821-1894

第十三章　意識

科爾結路 Colgate Circle
傑瑞米・布雷特 Jeremy Brett, 1933-1995
奈克方塊 Necker Cube
多穩態 multistable
意識的神經關連性 neural correlate of consciousness, NCC
洛果提斯 Nikos Logothetis, 1950-
富萊德 Itzhak Fried
杏仁體 amygdala
馬斯柏格 Christoph von der Malsburg, 1942-
鎖相震盪 phase-locked oscillation
《驚異的假說》*The Astonishing Hypothesis*
艾德曼 Gerald Edelman, 1929-

彭若斯 Roger Penrose, 1931-

丹尼特 Daniel Dennett, 1942-

《意識解析》*Consciousness Explained*

葛瑞格里 Richard Gregory, 1923-2010

功績勳章 Order of Merit

波雷哥泉 Borrego Springs

棕櫚峽谷綠洲 Palm Canyon Oasis

金德拉・克里克 Kindra Crick

歐蒂 Alison Auld

塞克爾 Al Seckel, 1958-

諾曼 Jeremy Norman

威爾康信託基金會 Wellcome Trust

英國文化遺產樂透基金 Heritage Lottery Fund

〈為意識建立的研究架構〉 A Framework for Consciousness

慕蕾 Kathleen Murray

《皇家夜總會》*Casino Royale*

屏狀核 claustrum

結語　令人驚異的假說創制者

墨菲 Richard Murphy, 1944-